# 命運安排什麼，我們就享受什麼

Message of Wisdom

漫漫人生路，我們需要品嘗各種滋味，需要體驗各種心境，
樣樣不可缺，樣樣不可少，這才是圓滿的結局。

漫漫人生路
不可少
智慧言語

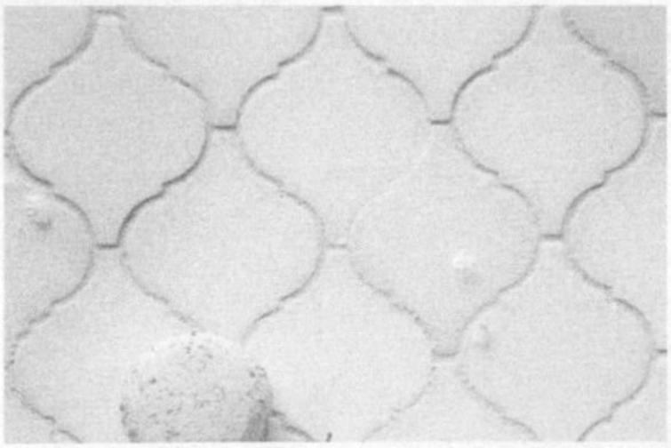

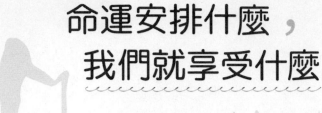

聰明心 01

# 命運安排什麼，我們就享受什麼


編　　著　葉楓
出 版 者　大拓文化事業有限公司
執行編輯　林秀如
美術編輯　姚恩涵

總 經 銷　永續圖書有限公司
劃撥帳號　18669219
地　　址　22103 新北市汐止區大同路三段一九十四號九樓之一
TEL　(〇二)八六四七—三六六三
FAX　(〇二)八六四七—三六六〇
E-mail　yungjiuh@ms45.hinet.net
網　址　www.foreverbooks.com.tw

CVS代理　美璟文化有限公司
TEL　(〇二)二七二三—九九六八
FAX　(〇二)二七二三—九六六八

法律顧問　方圓法律事務所　涂成樞律師

出 版 日◇二〇一八年四月







國家圖書館出版品預行編目資料

命運安排什麼，我們就享受什麼 / 葉楓編著.
-- 初版. -- 新北市 : 大拓文化, 民107.04
面 ; 公分. -- (聰明心 ; 1)
ISBN 978-986-411-069-8(平裝)
1.人生哲學 2.通俗作品
191.9　　107002461

第一章

# 挫折也是一道風景——

## 逆境求存

人生雖不如我們想像的那樣完美無缺，但也正因為那些醜陋存在，讓我們懂得了去珍惜人生中的美麗與美好，在歷經千辛萬苦後才能見到美麗的人生。

# 菩薩的腳印

一天晚上，一個信徒做了個夢，夢見他和菩薩一起走在沙灘上，空中閃過了他一生中的點點滴滴……

他發現在每一幕裡，沙灘上都有兩對腳印：一對是他的，另一對是菩薩的……當最後一幕劃過後，他再回頭看著沙漠上的腳印，卻發現有好幾次，沙灘上都只有一對腳印！而且那些時候都正好是他生命中最低潮、最難過的時候……

他很困惑的問菩薩：「您答應我的，一旦我誓願跟隨您，您說您會尋聲救苦，您就會一直走在我身邊護持我；但是我發現，在我生命中最難受最痛苦的時候，沙灘上卻只有一對腳印啊！我不懂，為什麼在我最需要您慰助的時候，慈悲百萬眾生的您卻捨我而去？」

菩薩慈悲柔和的回答說：「我憶念你、護持你，而且我永遠不會離開你。在那些你最困難、最痛苦的時候，你只看到一對腳印。因為，那是我背著你在走的……」

## 有心就有福

當我們面臨考驗之際，往往會一直以為是自己在孤軍奮戰……其實，在我們最覺得孤立無援的時候，靜下來看一看，你就會發現其實很多人都在旁邊陪著你，因此，我們應鼓起勇氣前行！

# 鹹也好，淡也好

老僧的一位老友來拜訪他，吃飯時，他只配一道鹹菜，老友不忍的問他：「難道這鹹菜不會太鹹嗎？」

「鹹有鹹的味道。」老僧回答道。

吃完飯後，老僧倒了一杯白開水喝，老友又問：「沒有茶葉嗎？怎麼喝這麼平淡的開水？」

老僧笑著說：「開水雖淡，可是淡也有淡的味道。」

## 有心就有福

是啊！鹹菜的鹹與白開水的淡，就像我們在人生中遇到的不同情境與事件，在我們無力做出選擇的情況下，命運安排我們什麼，我們就享受什麼好了！

漫漫人生路我們需要品嘗各種滋味，需要體驗各種心境，樣樣不可缺，樣樣不可少，這才是圓滿的結局。超越了鹹與淡的分別，才能真正品味到鹹菜的好滋味與白開水的真清甜，這是我們每個人都應領悟的最高境界

# 做事要無畏無悔

一個年輕人離開故鄉，開始創造自己的前途。

少小離家，雲山蒼蒼，心裡難免有幾分惶恐。於是他在出發前特地拜訪了本地最有名氣的一位老和尚，請求指點。

老和尚正在河邊臨碑練字，用一根樹枝在沙地上揮毫寫意，見年輕人討問前程，就隨手寫了兩個字「無畏」。

老和尚並未抬頭，只是對他說：「人生四字祕訣，老朽先給你一半，已夠施主半生受用。」說完便又信自摹字。

年輕人便覺失落，不甚理解的離開了。三十年後，這個年輕人已有了一些成就，當然也添了很多傷心事。

歸程漫漫，近鄉情怯，他又去拜訪那位老和尚，可是老和尚幾年前已經過世。僧人取出一個信封交給他，說：「這是師父生前留給你的，說施主日後必然來取，請施主自行打開吧！」

年輕人一振，慎重的接過來拆開封套，只見裡面赫然兩個字「無悔」。年輕人頓感萬念攢心，涕淚交加，回想自己三十年所得所失，竟然在老和尚一念四字之間，不由得敬由心生，留意已決。

五年之後，同道僧人拿一帖佛寓告知已經出家的年輕人，請接住持之事。年輕人不解，僧人告曰：自施主三十年前前來求解，老住持已算準施主今日。

十年後，這位年輕人終成一代宗師。

## 有心就有福

無畏、無悔是個人成功的最基本條件也是最關鍵的要素。要想成就一番大的事業，在人生旅程上難免會遇到困難和挫折，但是如果能夠時刻都運用好無畏和無悔的性情，你就能夠擁有輝煌的人生。

# 不要怕吃苦

曾經有個著名的雕刻師準備塑造一尊佛像，讓人膜拜。精挑細選後，他看上其中一塊質感上乘的石頭。

沒想到，他才拿起銼刀敲幾下，這塊石頭就痛不欲生，不斷哀嚎：「痛死了，痛死了，哎呀，不要再刻了，饒了我吧！」

師父只好停工，讓其躺在地上，另外再找了一塊質感差一點的石頭重新琢磨。只見這塊較差的石頭，任憑琢棒敲鑽，一概咬緊牙根堅忍承受，默然不語。師父更是賣力，在精雕細琢下，果然雕成了極品。

大家驚歎為傑作，決定加以供奉，供善男信女日夜頂禮膜拜，從此，該廟宇香火鼎盛，遠近馳名。

不久，無法忍受雕刻之痛的前一塊石頭，被人廢物利用，鋪在通往廟宇的馬路上。人車頻繁經過，還要承受風吹雨打，實在痛苦不堪，內心亦忿忿不平。它質問廟宇裡這尊佛像，說道：「你資質比我差，卻享盡人間禮讚尊崇，而我卻每天遭受凌辱踐踏，日曬雨淋，憑什麼？」

佛像只是微笑，說：「誰叫你當初受不了苦，沒敲幾下就哇哇大叫？」

## 有心就有福

這個故事告訴我們：不吃苦中苦，哪能甜上甜。我們做事不能因為一點小小的挫折就灰心，就叫苦連天，甚至半途而廢。在充滿坎坷的人生中，唯有肯於比別人忍受更多痛苦的人，才能超越他人而成為強者，品嘗別人欣賞不到的人生。

# 泥濘的路才能留下腳印

鑒真和尚剛剛剃度空門時，寺裡的住持見他天資聰慧又勤奮好學，心裡對他十分贊許，但卻讓他做了寺裡誰都不願做的行腳僧。每天風裡來雨裡去，吃苦受累不說，化緣時還常常吃白眼，遭人譏諷挖苦。鑒真對此忿忿不平。

有一天，日已三竿了，鑒真依舊大睡不起。住持覺得很奇怪，推開鑒真的房門，見鑒真依舊不醒，床前堆了一大堆破破爛爛的芒鞋。住持叫醒鑒真問：「你今天不外出化緣，堆這麼一堆破芒鞋做什麼？」鑒真打了一個哈欠說：「別人一年一雙芒鞋都穿不破，但我剛剛剃度一年多，就穿爛了這麼多的鞋子，我是不是該為廟裡節省些鞋子？」

主持一聽就明白了，微微一笑說：「昨天夜裡下了一場雨，你隨我到寺前的路上走走看看吧！」

鑒真和主持信步走到了寺前的大路上，寺前是一座黃土坡，由於剛下過雨，路面泥濘不堪。

住持拍著鑒真的肩膀說：「你是願意做一天和尚撞一天鐘，還是想做一個能光大佛法的名僧？」

鑒真說：「我當然希望能光大佛法，做一代名僧。但我這樣一個別人瞧不起的苦行僧，怎麼去光大佛法？」

住持撚鬚一笑：「你昨天是否在這條路上行走過？」

鑒真說：「當然。」

住持問：「你能找到自己的腳印嗎？」

鑒真十分不解的說：「昨天這路又平又硬，小僧哪能找到自己的腳印？」

住持又笑笑說：「今天我倆在這條路上走一遭，你能找到自己的腳印嗎？」

鑒真說：「當然可以了。」

住持聽了，微笑著拍拍鑒真的肩說：「泥濘的路才能留下腳印，世上芸芸眾生莫不如此啊！那些一生碌碌無為的人，不經風沐雨，沒有起也沒有伏，就像一雙腳踩在又平又硬的大路上，腳步抬起，什麼也沒有留下。而那些經風沐雨的人，他們在苦難中跋涉不停，就像一雙腳行走在泥濘裡。他們走遠了，但腳印卻印證著他們行走的價值。」鑒真慚愧的低下頭。

從那以後，他年輕有力的腳印留在寺前的泥濘裡，留在了彌漫著櫻花醇香的扶桑泥土裡。

## 有心就有福

在泥濘裡行走，生命才會留下深刻的印痕。「泥濘」象徵了挫折、困苦、磨難與無奈，在歷史上有多少志士仁人是在「泥濘」中走過來的。讓我們在泥濘的路上踏步前進吧！

# 支撐生命的一壺水

一片茫茫無垠的沙漠上，塵緣大師帶領著幾位弟子在那裡負重跋涉。烈陽高照，乾燥的風沙漫天飛舞。而口渴如焚的塵緣大師和弟子們沒有了水。

水是塵緣大師他們穿越沙漠的信心和源泉，甚至是苦苦搜尋的求生目標。

這時候，塵緣大師從腰間拿出一隻水壺，說：「這裡還有一隻水壺，但穿越沙漠前，誰也不能喝。」

那水壺從隨行的和尚們手裡依次傳遞開來，沉沉的。一種充滿生機的幸福和喜悅在每個弟子瀕臨絕望的臉上彌漫開來。

終於，這幫人一步步掙脫了死亡線，頑強的穿越了茫茫沙漠。他們喜極而泣的時候，突然想到了那壺給了他們精神和信念支撐的水。

塵緣大師擰開壺蓋，緩緩流出的卻是滿滿的一壺沙。

塵緣大師和弟子們都意識到：「在沙漠裡，乾枯的沙子有時候可以是清冽的水——只要你的心裡駐紮著擁有清泉的信念。」

## 有心就有福

信念是一種力量。它可以使人在黑暗中不停止摸索，在失敗中不放棄奮鬥，在挫折中不忘卻追求。我們是否也該有一個自己的信念呢？在信念面前，天大的困難微不足道，無邊的艱險不足為奇。人，只要有信念，有所追求，就什麼艱難困苦都能忍受，什麼環境也都能適應。當遭遇挫折想要退縮不前時，信念是最好的老師，是最好的開導者。

# 抬頭走路就沒有絕望

老和尚和他的徒弟迷失在幽深的峽谷裡，他們在裡面跋涉了四天三夜，依然沒有走出深谷。

「師父，我恨死了自己沒有本事走出峽谷。我懼怕挫折，要是世上只有成功沒有挫折該多好啊！」小和尚絕望的說。

老和尚說：「世上怎麼可能只有成功沒有挫折呢？沒有挫折哪有成功。就好比這峽谷與高山，沒有這峽谷，哪裡來的高山！」

「挫折的滋味太難受了，我現在甚至想終死在這無人谷算了。」小和尚歎息道。

老和尚感慨的說道：「你這樣悲觀，是因為你一直在低頭走路啊！」

「師父，抬頭走路就不會絕望嗎？」小和尚抬起頭仰視天空問。

老和尚說：「是呀，我每次遭遇危險，受到挫折，我都是這樣抬頭走向成功的！」

## 有心就有福

在遇到困難和身處逆境時，不要茫然不知所措、灰心喪氣，也不應因一時的挫折而輕言放棄。從某種意義上講，人生目標的實現不在於處在什麼樣的環境下，而只要你抱定一個理想，不斷的去努力爭取，總有一天會如願以償的。

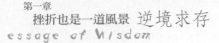

# 要創造奇蹟

有一群弟子要出去朝聖。

師父拿出一個苦瓜，對弟子們說：

「隨身帶著這個苦瓜，記得把它浸泡在每一條你們經過的聖河，並且把它帶進你們所朝拜的聖殿，放在聖桌上供養，並朝拜它。」

弟子朝聖走過許多聖河聖殿，並依照師父的教言去做。

回來以後，他們把苦瓜交給師父，師父叫他們把苦瓜煮熟，當做晚餐。

晚餐的時候，師父吃了一口，然後語重心長的說：「奇怪呀！泡過這麼多聖水，進過這麼多聖殿，這苦瓜竟然沒有變甜。」

弟子們聽了，好幾位立刻開悟了。

## 有心就有福

苦瓜的本質是苦的，不會因聖水聖殿而改變。人生是苦的，這一點即使是修行者也不可能改變，何況是凡夫俗子。可是不吃苦瓜的人永遠不會知道苦瓜是苦的。

一般人只要有苦的準備，煮熟了這苦瓜，吃它的時候第一口苦，第二、三口就不會那麼苦了！對待我們的生命也是這樣的，時時準備受苦，不是期待苦瓜變甜，而是真正認識那苦的滋味，才是有智慧的態度。

# 要有勇挑重擔的勇氣

廟裡，老和尚和小和尚相依為命。

老和尚每天肩挑柴火翻山越嶺，去集市用柴火換取一天的口糧錢。

為了培養徒弟的吃苦精神，他叫小和尚替他挑柴火上集市去賣。

小和尚挺不願意的挑了兩挑，翻山越嶺肩挑柴火著實把他給累壞了。挑了兩天，小和尚再也挑不動了。

老和尚沒辦法，只好歎著氣讓小和尚一邊歇著去，自己還是一天接一天掙錢糊口。

可是，天有不測風雲，老和尚不幸病倒了，這一躺就是半個月起不了床。廟裡失去了生活來源，眼看就要斷炊了，小和尚沒辦法，終於主動挑起了生活的重擔，每天天未亮，他就學著師父的樣子，上山砍柴，然後挑著去集市賣，一點也不覺得累。

「徒兒，別累壞了身子！」老和尚又喜又愛的看著小和尚忙碌的身影說。

小和尚這時停下手中的工作，對老和尚說：「師父，真是奇怪，剛開始你叫我挑柴火那兩天，我挑那麼輕的擔子都覺得很累，怎麼現在我挑的越來越重，反倒覺得擔子越來越輕了呢？」

老和尚贊許的點點頭，道：「這一方面是你身體的承受能力練出來了，更多的是你心理成熟的緣故啊！成熟使你產生了勇挑重擔的勇氣，當然就覺得擔子輕了！」

## 有心就有福

勇挑重擔，免不了會遇到一些失敗和挫折，經歷失敗和挫折，也是一種磨練。能力的提高從某種意義上講，是失敗和挫折的累積，是經驗和教訓的累積，也是勇氣和毅力的累積。

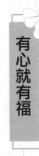

# 一切都還在

有好多天了，慧能小和尚獨坐寺內，悶悶不語。

師父看出了其中的玄機，微笑著領著弟子走出寺門。

門外，是一片大好的春光。

師父懷抱春光，打坐於萬頃溫暖的柔波裡。

放眼望去，天地之間彌漫著清新，半綠的草芽，斜飛的小鳥，流動的小河。慧能小和尚深深的吸了一口氣，偷窺師父，師父正安祥的打坐在山坡上，心中空無一物。

過了晌午，師父才起來，不說一句話，不打一個手勢，領著弟子回到寺內。

剛到寺門，師父突然跨前一步，輕掩上兩扇木門，把小和尚關在寺門外。

小和尚不明白師父的意旨，逕自坐在門前，納悶不語。

很快，天色暗了下來，霧氣籠罩了四周的山岡、樹林、小溪、鳥語、水聲，也漸漸變得不明朗起來。

這時，師父在寺內朗聲叫他的名字，進去後，師父問：「外面怎麼樣了呢？」

慧能答：「全黑了。」
「還有什麼嗎？」
「什麼也沒了。」
「不，外邊還有清風，綠草，花，溪水，一切都還在。」
慧能頓悟，明白了師父的苦心，這些天籠罩在心頭的陰霾一掃而空。

## 有心就有福

人生往往如此，有的人活得很暗淡，並不是因為他的生活中沒有春光，而是暗淡的心境早已把所有朝向春光的窗戶悄然關上了。

# 絕非努力就能達到

有個年輕人，因為家境貧寒，所以他一心想要發達致富，他聽說有位致富大師技藝高超，多少年來未逢敵手。於是這個年輕人就決定不遠千山萬水，也要拜這位大師為師。

經歷了千折百轉，這個年輕人終於在第二年的春天，找到了那位大師。那位大師也沒拒絕就收留了他。第二天大師要他把園子裡的草拔一拔，然後把園子分成兩塊，都種上玉米。

年輕人做得還挺起勁的，第一天拔草，第二天就把兩塊地的玉米都種上了。第三天他就問大師：「師父我把兩塊地的玉米都種好了，你是不是該教我操作技術了？」

大師答道：「是呀，是呀，現在我們倆把這兩塊土地分開，分別看護好屬於自己的那一塊。到秋收以後，如果你的土地裡的玉米比我的長得好，我自然會教給你我的祕訣。」說完就回屋休息了。

於是，這個人每天都在玉米田埂邊坐著，看著這塊田裡的玉米。

一晃眼，一個星期過去了。可是田裡的玉米沒有一點動靜。於是這個人就不停的琢磨：「這是怎麼回事？是不是種子有什麼問題？再或者土地太乾燥了，需要澆點水。」

於是，他就提著水桶把屬於自己田裡的玉米一一的澆了水。心想，我這樣辛勤在它乾燥的時候給它澆水，我就不信我的玉米長不過師父的。他想到這裡，放下水桶，又坐到田地旁看守著。

但是師父呢？一個星期了也不來看看。好像這玉米不存在一樣，即使每次路過這裡，也只是隨便看一下，然後點點頭就走了。

又過了兩天晚上，突然雷聲大作、狂風四起，一場大暴雨馬上就要開始了，這人一看這麼惡劣的天氣，心想：天不久就要下大暴雨了。如果把我的種子都淋出來這該如何是好。於是他就趕忙到田地邊上鏟了些泥土，把自己的玉米全都灑上了一些細土。心想：這下不怕了，灑上這些細土足以抵抗這場暴風雨了，然後滿意的回屋裡了。

但是，天氣就像是故意作怪。打了幾聲雷，刮了一陣風，只下了十幾分鐘的雨，就雲開霧散了。

這人毫不喪氣。看著自己剛剛覆蓋的泥土，已經無法再拂去了，只好作罷，心裡雖然異常悔恨，但還是自己安慰自己：「這次只是受了天氣的影響，不算什麼。」

就在這人心情剛剛平靜了一些時候的第二天，這鬼天氣又開始陰了下來。不久就狂風大作，下了一天的大雨。

這人禁不住暗自高興：「還好，還好，還好我昨天給自己的玉米上了一層土。」他又過去看了看師父的土地，卻發現師父的玉米雖然沒加什麼土，但是安然無恙。這人雖然有些納悶。但是總覺得自己給自己的玉米蓋了一層土，自己也辛勤的努力了，應該要比師父的好一些。

又過了半個月，這人因為每天都在不停的擔心這個，擔心那個，雖然，玉米苗茁壯成長著，但他也沒有感覺到有一絲的高興。因為他每天都坐在田埂邊，所以，在他眼裡玉米苗還是老樣子，根本沒有成長。

這天師父也來到玉米田。看著魂不守舍的徒弟，笑著問道：「怎麼樣了？你的玉米長高了嗎？」

徒弟強裝笑顏道：「還是老樣子，師父。」

師父點點頭：「這就好，這就好。」說完就到自己的玉米田裡，把一些剛剛長出不久的雜草拔掉，又將那些已經枯萎的玉米苗也拔掉。然後就走了。

然而，徒弟卻依然每天都留在玉米田邊，每日守候著。

師父依然是過了好些日才來看一看，依然是拔拔雜草、去去枯苗。徒弟對師父的作法很不以為然。心想：「我天天守候在這裡付出這麼大的努力。玉米卻沒有絲毫的成長，你就這樣偶爾來一次，玉米就能長好了？哼，我相信我的玉米一定會比師父的收成好。」

不久，秋天到了，收穫玉米的時候到來了。師父滿意的微笑著收穫自己的玉米。徒弟卻滿臉憔悴，因為玉米的收成根本無法跟師父的相比。

徒弟大惑不解的問師父：「師父，我比你付出更多的心力，為什麼收成卻不如你呢？」

師父笑著說道：「孩子，很多事情的結果不能只看努力的程度，關鍵要看做事的方法和處事的心態。你為了超越我，所以心態就會產生強烈的好勝心，於是焦急就會時時刻刻的圍繞著你。你為了超越我，就會不斷的去努一些無功之力，但是玉米需要自己生長，不需要你的肯定。你為了超越我，就會不斷擔心自己的成果毀於一旦，所以恐懼就會不斷的消磨你的心志。你為了超越我，就會過多的考慮結果，追求那些不切實際的收成，於是貪婪就會腐蝕著你的靈魂。你為了超越我，甘願讓自己身陷事物之中，無法從事物的外面去觀察事物的本質。於是你就會無視身邊的所有錯誤，而不斷的糾正那些不是錯誤的錯誤。你為了超越我……」

徒弟默默的點著頭：「師父，徒弟明白了。」

## 有心就有福

所有事情並不是努力了就能獲得成功，還要看做事的方法和處事的心態。過強的好勝心、擔心失敗的恐懼感都會不斷消磨你的心志，成為你成功路上的絆腳石。

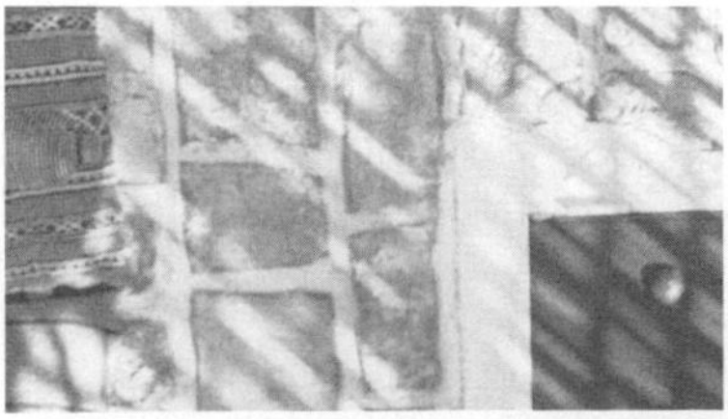

# 不被魔鬼嚇著

一個小村落裡的幾個年輕人非常喜歡調皮搗蛋，每每晚上喜歡裝鬼嚇人。一天，雲居禪師要去村子另一邊的洞穴坐禪。

那幾個愛搗亂的年輕人便躲在他的必經之路上，等到禪師過來的時候，一個人從樹上把手垂下來，扣在禪師的頭上。

年輕人原以為禪師必定嚇得魂飛魄散，哪知禪師任年輕人扣住自己的頭，靜靜的站立不動。

年輕人反而嚇了一跳，急忙將手縮回，此時，禪師又若無其事的離去了。

第二天，他們問禪師：「大師，聽說附近經常鬧鬼，有這回事嗎？」

雲居禪師說：「沒有的事！」

「是嗎？我們聽說有人在晚上走路的時候被魔鬼按住了頭。」

「那不是魔鬼，而是村裡的年輕人。」

「為什麼這樣說呢？」

禪師答道：「因為魔鬼沒有那麼寬厚暖和的手呀！」

他緊接著說：

「臨陣不懼生死，是將軍之勇；進山不懼虎狼，是獵人之勇；入水不懼蛟龍，是漁人之勇；和尚的勇是什麼？就是一個字：『悟』。連生死都已經超脫，怎麼還會有恐懼感呢？」

## 有心就有福

禪師即使在面對看似危急的狀況時，也能夠冷靜的分析出魔鬼沒有那麼寬厚暖和的手，從容應付他人的惡作劇，表現出過人的膽識和一種大徹大悟。因此當我們遇到一些意外的突發事件時，首先要做到處變不驚，冷靜思考。沒有辦法做到冷靜，就談不上勇敢。

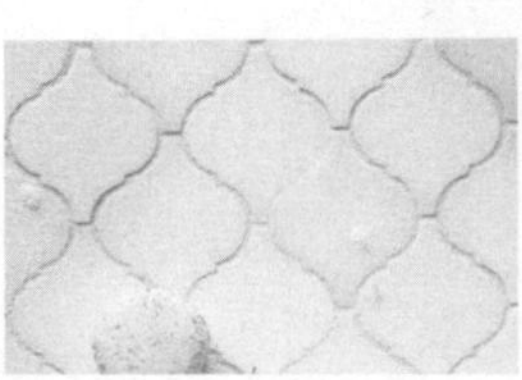

## 心念容易漂浮不定

僧珈邏仕達是舍衛城的一位長老比丘。他的妹妹生下兒子時，以他的名字為名。這男孩後來也出家為比丘。有一次這年輕比丘停留在某個村子的精舍時，有人送給他兩件袈裟，他決定把其中一件供養給長老比丘——他的舅舅。

但長老比丘說自己的袈裟已經足夠了，所以加以拒絕。年輕比丘多次懇請，但長老比丘堅決拒絕。年輕比丘因此十分傷心，認為舅舅不喜歡他。他甚至覺得既然舅舅堅定拒絕與他共用必需品，他最好還是還俗，過世俗的生活。

從那時候開始，他的心念紛飛，思緒紊亂，於是心中想著，還俗後，就賣掉袈裟，買隻母羊，然後快速生育，就有足夠的收入，娶妻生子，他再攜帶妻小搭車去探訪舅舅。他甚至幻想到在路途上，他會告訴妻子，由他來照顧孩子，但她卻要他駕車，不要管孩子的事，而他堅持要照顧孩子，就去搶孩子，結果孩子掉下車子，被輪子輾過，他非常憤怒，拿棍子要打老婆。

其實，這時候他正用扇子幫舅舅扇涼，但由於胡思亂想，而不小心打到長老比丘的頭。長老比丘明白年輕比丘的心念，就告訴他：「你自己不能打老婆，怎麼來打舅舅呢？」年輕比丘十分驚訝，局促不安的想立刻離開精舍。但長老比丘卻設法帶他去見了佛陀。

佛陀知道事情的原委後，很仁慈的告訴年輕比丘，人心旁騖不定，即使是遙遠的東西，心都能夠加以胡思亂想。所以人應努力使自己從貪、嗔、癡三毒中解脫出來。

## 有心就有福

心念無色無相，紛遝而至，神遊虛空，是識的基礎，能夠調服心的人，才能解脫魔障。心念隨著欲望流轉非常微妙，難於察覺，智者應該防護心念使其安住，才能獲得安樂。

# 看腳下

夜色中，法演禪師和佛果、佛眼、佛鑑三位弟子在一座亭中閒話。這三位弟子號稱「三佛」，禪功不相上下，都很得法演禪師的賞識。此刻只聽到他們討論得相當熱烈。

不覺夜氣已涼，幾人裹緊袈裟，準備回寺院休息。

歸途中，忽然一陣風吹過，把走在前面的佛眼手中提著的燈吹熄了。

四周一片昏暗，法演禪師不失時機的對幾位弟子說：「快把你們此刻領悟的心境說出來。」

話音剛落，佛鑑答道：「彩風舞丹宵。」

黑暗與光明並沒有什麼分別，此刻在禪者心裡也像是五彩斑斕的鳳凰翩翩起舞於紅霞明媚的天空。

法演禪師把頭轉向佛眼，佛眼說道：「鐵蛇橫古路。」

輪到佛果了，佛果指指路面：「看腳下。」

燈火滅了，腳底下的任何東西，都要注意。所以在黑暗中走路也和悟禪一樣，都要看腳下——從自己凝視的地方實實在在的踏出一步。

法演禪師這才點頭歎道：「能夠勝過我的，只有佛果了。」

## 有心就有福

人生中，無論你的目標有多遠大，不論前進的道路如何坎坷，我們最需要做的最基本的只有一件事：看腳下。踏踏實實走好這一步，才能走好下一步，走好人生路上的每一步。

# 堅守自己的信念

歸省禪師擔任住持期間，由於天旱，很少有人能拿糧食來養活這些僧人。僧人們只能每天喝粥吃野菜，個個面黃肌瘦。

有一天，住持外出化緣，法遠就召集大家取出櫃裡的儲藏的麵做起粥來。粥還沒做好，歸省禪師就回來了，小師弟們嚇得一下子就消失得無影無蹤。

歸省禪師聽到法遠居然把應急用的麵都用了，生氣的說：「誰讓你這麼做的？」

法遠平靜的說：「弟子覺得大家面如枯槁，無精打彩，於是就把應急的麵拿出來煮了，請師父原諒。」

歸省嚴厲的說：「依清規打三十大板，驅逐出寺！」

法遠默默離開了寺院，但他沒有下山，而是在院外的走廊覓了個角落棲息下來。無論颳風下雨，都不曾動搖他向佛的決心。

歸省禪師有一次偶然看見他在寺院的角落睡覺，十分驚訝的問道：「你住這裡多久了？」

「已有半年多了！」法師說

「給房錢了嗎？」

「沒有。」

「沒給房錢你怎麼敢住這裡！你要住，就去交錢！」

法遠默默托著缽走向市集，一邊為人誦經，一邊四處化緣，得來的錢全部用來交房錢。

歸省禪師笑著對大眾宣示：「法遠乃肉身佛也！」後來法遠繼承了歸省禪師的衣缽，將佛學發揚光大。

## 有心就有福

在通往自己的目標的過程中總是會遇到各類困難，此時只有那些從不放棄自己信念的人才會真正成功。正所謂：天將降大任於斯人也，必先苦其心志，勞其筋骨，餓其體膚。因此成大事必先苦心志。

# 只要他做了

夏季的一個傍晚，海澄大師出去散步，在一片空地上，看見一個十歲左右的小男孩和一位婦女。那孩子正用一支做得很粗糙的彈弓打一只立在地上、離他有七、八米遠的玻璃瓶。

孩子有時會把彈丸打偏一米，而且忽高忽低。

海澄大師便站在他身後不遠看他打那瓶子，因為海澄大師還沒有看見過打彈弓這麼差的孩子。那位婦女坐在草地上，從一堆石子中撿起一顆，輕輕遞到孩子手中，安詳的微笑著。

孩子便把石子放在皮套裡，打出去，然後再接過一顆。從那婦女的眼神中可以看出，她是那孩子的母親。

孩子很認真，屏住氣，瞄很久，才打出一彈。但海澄大師站在旁邊都可以看出他這一彈一定打不中，可是他還在不停的打。

海澄大師走上前去，對那母親說：「讓我教他怎樣打好嗎？」

男孩停住了，但還是看著瓶子的方向。

他母親笑了一笑：「謝謝，不用！」她頓了一下，望著那孩子，輕輕的說：「他看不見。」

海澄大師怔住了。

半晌，海澄大師喃喃的說：「噢……對不起！但為什麼？」

「別的孩子都這麼玩。」

海澄大師說：「可是他……怎麼能打中呢？」

「我告訴他，總會打中的。」母親平靜的說，「關鍵是他做了。」

海澄大師沉默了。

過了很久，那男孩的頻率逐漸慢了下來，他已經累了。

他母親沒有說什麼，還是很安詳的撿著小石頭，微笑著，只是遞得節奏也慢了下來。

海澄大師慢慢發現，那孩子打得很有規律，他打一彈，向一邊移一點，打一彈，再轉點，然後再慢慢移回來。

他只知道大致的方向啊！

夜風輕輕襲來，蛐蛐在草叢中輕唱起來，天幕上已經有疏朗的星星。對於那孩子來說，黑夜和白天並沒有什麼區別。過沒多久，夜色籠罩下來，海澄大師已看不清那瓶子的輪廓了。

「看來今天他打不中了。」海澄大師想。猶豫了一下，對他們說聲：「再見」，便轉身往回走去。

走不遠，身後即傳來一聲清脆的瓶子碎裂聲。

## 有心就有福

無論做什麼事只要按照方法持之以恆地去做，克服旁觀者給我們帶來的疑惑——他是來自我們內心的外道或魔鬼，我們一直離證悟很近，所以不要放棄。

# 危險的森林

有一個人在森林中漫遊時，突然遇見了一隻饑餓的老虎，老虎大吼一聲就撲了上來。

他立刻用最快的速度逃開，但是老虎緊追不捨，他一直跑一直跑，最後被老虎逼到了斷崖邊。

站在懸崖邊上，他想：「與其被老虎捉到，活活被咬死，還不如跳入懸崖，說不定還有一線生機。」

他縱身跳入懸崖，非常幸運的卡在一棵樹上。那是長在斷崖邊的梅樹，樹上結滿了梅子。

正在慶幸之時，他聽到斷崖深處傳來巨大的吼聲，往崖底望去，原來有一隻兇猛的獅子正抬頭看著他，獅子的聲音使他心顫，但轉念一想：「獅子與老虎是相同的猛獸，被什麼吃掉，都是一樣的。」

剛一放下心，又聽見了一陣聲音，仔細一看，兩隻老鼠正用力的咬著梅樹的樹幹。

他先是一陣驚慌，立刻又放心了，他想：「被老鼠咬斷樹幹跌死，總比被獅子咬死好。」

情緒平復下來後，他看到梅子長得正好，就採了一些吃起來。他覺得這一輩子從沒吃過那麼好吃的梅子，他找到一個三角形的枝丫休息，心想：「既然遲早都要死，不如在死前好好睡上一覺吧！」於是靠在樹上沉沉的睡去了。

睡醒之後，他發現老鼠不見了，老虎和獅子也不見了。

他順著樹枝，小心翼翼的攀上懸崖，終於脫離了險境。

原來就在他睡著的時候，饑餓的老虎按捺不住，終於大吼一聲，跳下了懸崖。老鼠聽到老虎的吼聲，驚慌的逃走了。

跳下懸崖的老虎與崖下的獅子展開激烈的打鬥，雙雙負傷逃走了。

## 有心就有福

生命中會有許多險象叢生的時候，困難和危險就像死亡一樣無法避免。那麼既然無法避免不如放下心來安享現在所擁有的一切，這樣在無意中就會享受到生命的甜果。

# 沒有受過創傷的小麥

在古印度的時候，常常發生乾旱或是水災，因此，老百姓們常常失去收成，過著饑腸轆轆的日子。有一位婆羅門，因為不忍心看到大家總是饑餓的樣子，於是，他每天清晨都到神廟裡去祈求大梵天為人間免去災難，使人們能過上吃飽穿暖的日子。

也許是因為他虔誠的緣故，感動了大梵天，終於在一天清晨，大梵天來到了他的面前。

他激動的叩拜在大梵天的腳下，並對大梵天說：「尊敬的大梵天啊，您常常讓土地乾旱或洪水成災，導致農民失去收成，現在大家都過著饑餓的日子，您怎麼能忍心呢？還是讓我來教您點東西吧！」

大梵天聽完婆羅門的話之後，他並沒有生氣，反而趁著婆羅門磕頭的時候，偷偷的笑了一下，就對婆羅門說：「那就請你教我吧！」

「請您給我一年的時間，在這一年裡，按照我所說的去做，我會讓您看見，世界上再也不會有貧窮和饑餓的事情發生了。」婆羅門說。

就這樣，大梵天給了婆羅門一年的時間，並在這一年裡，滿足了婆羅門所有的要求。

沒有狂風暴雨，沒有電閃雷鳴，沒有任何對莊稼有威脅的自然災害發生。當婆羅門覺得該出太陽了，就會陽光普照；要是覺得該下點雨了，就會有雨滴落下來，想讓雨停，雨就馬上停止，環境真是太好了，小麥成長得特別好。

轉眼，一年的時間過去了，婆羅門看到麥子長得那麼好，就又向大梵天禱告說：「大梵天你瞧，要是再這麼過十年，就會有足夠的糧食來養活所有的人，人們就算不工作也不會餓死了。」

大梵天沒有回話，只是在空中對著婆羅門微笑著。

終於到了收割的時候，人們興高采烈的來到麥田裡。

可是令婆羅門驚訝的是，當大家割下麥子時，卻發現麥穗裡什麼都沒有，裡邊空蕩蕩的。

婆羅門驚慌極了，於是，他又跑到神廟裡去向大梵天禱告說：「大梵天呀，這究竟是怎麼一回事呀？」

這時，大梵天又出現了，他依然微笑著對婆羅門說：「那是因為小麥都過得太舒服了，沒有受到任何打擊的緣故。這一年裡，它們沒經過風吹雨打，也沒受到過烈日煎熬。你幫它們避免了一切可能傷害它們的事情。沒錯，它們長得又高又好，但是你也看見了，麥穗裡什麼都結不出來，我的孩子……」

聽了大梵天的話，婆羅門無言以對。

## 有心就有福

萬事順意是不利於成長的，要想品嘗成功的喜悅，就要承受必要的錘煉。過太舒服的生活會消磨你的意志，讓你停滯不前。

# 如何與苦作戰

唐朝的裴休宰相，是一個很虔誠的佛教徒，他的兒子裴文德，年紀輕輕的就中了狀元，皇帝封他為翰林，但是裴休不希望兒子這麼早就飛黃騰達，少年仕進。因此就把他送到寺院裡修行參學，並且要他先從行單（苦工）上的水頭和火頭做起。

這位得意的翰林學士，天天在寺院裡挑水砍柴，弄得身心疲累，而又煩惱重重，心裡就不停的嘀咕，不時的怨恨父親把他送到這種深山古寺裡來做牛做馬，但因父命難違，強自隱忍，像這樣心不甘情不願的做了一段時間之後，終於忍耐不住，滿懷怨恨地發牢騷道：「翰林擔水汗淋腰，和尚吃了怎能消？」

寺裡的住持無德禪師剛巧聽到，微微一笑，也念了兩句詩回答道：「老僧一炷香，能消萬劫糧。」

裴文德嚇了一跳，從此收束身心，苦勞作役。

## 有心就有福

學會如何與苦作戰、以苦為榮、苦中作樂，學會如何吃苦非常重要。有人怕吃苦而退縮，也有人勇往直前，不一樣的選擇就會有不一樣的人生之旅。我們不能因為苦而失去戰鬥力。學會吃苦，如花一般的生命，才會在逆境中綻放美麗。

第二章

# 有「放下」的勇氣——豁達處世

矛盾是無處不在的，有了矛盾，重要的是面對現實，化解矛盾。

# 熄滅心頭之火

有一個久戰沙場的將軍，已厭倦戰爭，專程到大慧宗杲禪師處要求出家，他向宗杲道：「禪師！我現在已看破紅塵，請禪師慈悲收留我出家，讓我做你的弟子吧！」

宗杲：「你有家庭，有太重的社會習氣，你還不能出家，以後再說吧！」

將軍：「禪師！我現在什麼都放得下，妻子、兒女、家庭都不是問題，請您即刻為我剃度吧！」

宗杲：「以後再說吧！」

將軍無法，有一天，起了一個大早，就到寺裡禮佛，大慧宗杲禪師一見到他便說：「將軍為什麼那麼早就來禮佛呢？」

將軍學習用禪語詩偈說道：「為除心頭火，起早禮師尊。」

禪師開玩笑的用偈語回道：「起得那麼早，不怕妻偷人？」

將軍一聽，非常生氣，罵道：「你這老怪物，講話太傷人！」

大慧宗杲禪師哈哈一笑道：「輕輕一撥扇，性火又燃燒，如此暴躁氣，怎算放得下？」

## 有心就有福

放下！放下！不是口說放下就能放下，「說時似語，對境生迷」，習氣也不是說改就能改的，「江山易改，習性難除」，奉勸希望學道入僧者，莫因一時衝動，遺笑他人。

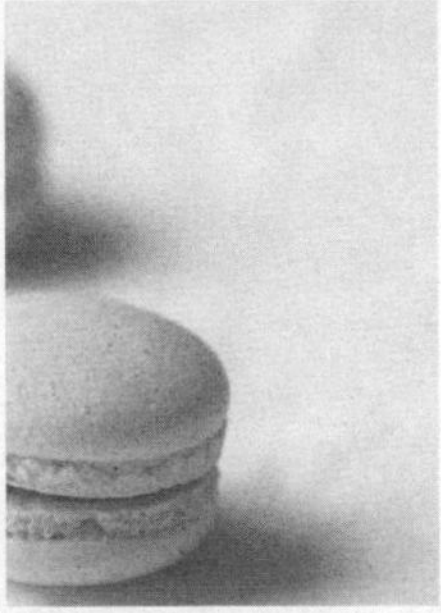

# 化解心中的仇恨

智空禪師是武士的兒子。有一年，他到江戶遊玩的途中，偶然遇到一位高官，於是做了他的隨從。

後來，他與官員的太太兩情相悅，十分親密。但紙包不住火，兩人的私情終於被發現了。在自衛中他殺了那位大官，帶著他的太太逃往別處。

習慣了奢華的生活，突然失去了生活來源，迫不得已的情況下兩人墮落成賊。而女人的貪得無厭使智空禪師深惡痛絕，最後終於下決心離開了她。之後，智空禪師到很遠的一個寺廟出家，做了一名遊方僧人。為了彌補自己的罪過，他下定決心要在有生之年完成一個善舉。

他知道某處的懸崖非常危險，已斷送了不少人的性命。他決心在懸崖下面挖一條隧道，為人們開闢一條安全的通道。

他白日乞食，夜晚挖掘隧道，長年累月，日日不輟。轉眼間三十年過去了，一條長達兩千米的隧道終於挖通了。

在智空禪師完成隧道的前兩年，那位大官的獨生子已經成為一名劍道高手。他四處尋覓智空禪師以報殺父之仇，後來終於發現了他，要置他於死地。

智空禪師平靜的對他說：「我心甘情願的把我的生命交給你。但是，請讓我挖成這條隧道，等到這件工作完成的那天你就可以殺了我。」

於是，大官的兒子耐下性子等待那一天。

時間一天天過去，智空禪師仍在不斷的挖著。一晃又是幾個月，大官的獨生子閑著感到十分無聊，便開始幫智空禪師挖掘。他幫了一年，逐漸對智空禪師的堅強意志生出敬佩之情。

隧道終於挖成了，人們可以從這裡安全通過。

智空禪師放下手中的工具，欣慰的長吁一口氣說：「隧道完成了，我心願已了，現在請你砍我的頭吧！」

此時，大官的獨生子滿眼含淚，感性的說：「您是我的老師呀！我怎能下手砍自己老師的頭呢？」

智空禪師的慈悲和關愛化解了對方滿腔的仇恨和怒火，讓復仇者改變了初衷。

## 有心就有福

仇恨永遠無法化解仇恨，只有慈悲才能夠徹底化解仇恨，這是永恆的痛苦不堪，輕則自我折磨，重則可能導致瘋狂的報復。既往不咎，才可甩掉沉重的包袱，大踏步前進。人要有「不念舊惡」的精神，有「放下」的勇氣，用原本善良的本性去化解仇恨，才能感受到生活的溫暖，才能活得輕鬆快樂。

## 打開你的心門

有一個人，每到晚上都會做一個夢，他夢見自己走在很長的長廊，走到盡頭時，出現了一道門，看見門他全身發抖，直冒冷汗不敢打開門。就這樣，二十年來他每晚都做同樣的夢，也找心理醫師治療了二十年。

後來他找到了慧明禪師，也把夢的情形跟慧明禪師說明。

慧明禪師沉思片刻，對他說：「你為什麼不把門打開看看呢？最多只是一死而已嘛！」這個人想想很有道理，於是當晚在夢中他便鼓足勇氣把門推開了……

第二天，他又來找慧明禪師。

慧明禪師問他：「門打開了嗎？」

他點點頭回答：「打開了！」

慧明禪師問：「結果，門後有什麼呢？」

他說：「打開門後，呈現眼前的是一片綠油油的柔軟的草地，有燦爛的陽光、耀眼的舞蝶……」

## 有心就有福

很多人覺得無法跟別人溝通，其實是自己沒有打開自己的心門。如果你果斷的去嘗試，用一顆寬廣的心去跟別人交流，你就會發現其實生活中處處都有讓你心動的驚喜。

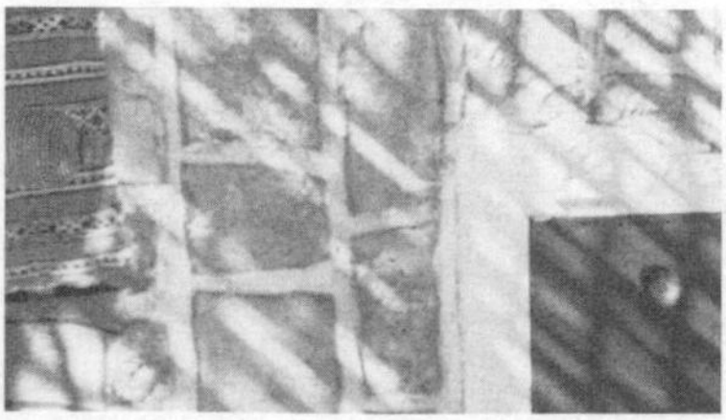

# 學會包容對方

一個年輕人抱怨妻子近來變得憂鬱、沮喪，常為一些雞毛蒜皮的小事對他嚷嚷，甚至會對孩子無緣無故的發脾氣，這都是以前不曾發生的現象。他無可奈何，開始找藉口躲在辦公室，不願回家。

這天，他在磨磨蹭蹭的回家途中遇到了慧明禪師。看到他一臉的沮喪，慧明禪師問他怎麼了。

年輕人回答說，為了裝潢房子發生過爭吵。他說：「我愛好藝術，遠比妻子更懂得色彩，我們為了每個房間的顏色大吵了一場，特別是臥室的顏色。我想漆這種顏色，她卻想漆另一種顏色，我不肯讓步，因為我對顏色的判斷能力比她要強得多。」

長者問：「如果她把你辦公室重新改裝一遍，並且說原來的設計不好，你會怎麼想呢？」

「我絕不能容忍這樣的事。」年輕人答道。

於是慧明禪師解釋：「你的辦公室是你的權力範圍，而家庭及家裡的東西則是你妻子的權力範圍。如果按照你的想法去改裝『她的』廚房，那她就會有你剛才的感覺，好像受到侵犯似的。當然，在居家裝潢問題上，最好雙方能意見一致，但是要記住，在做決定時也要尊重你妻子的意見。」

年輕人恍然大悟，回家對妻子說：「妳喜歡怎麼裝潢房子就怎麼改裝吧，這是妳的權力，隨妳的便吧！」

妻子大為吃驚，幾乎不敢相信。年輕人解釋說是一個長者開導了他，他百分之百的錯了。妻子非常感動，後來兩人言歸於好。

## 有心就有福

古人云：「地之穢者多生物，水至清者則無魚。故君子當存含垢納汙之量。」如果你事事與人斤斤計較，只會自己堵住自己的路。一個人必須具有容納污穢與恥辱的能力，再加上包容一切善惡賢愚的態度，才能有成功的人際關係。因此，古往今來成大事的人，無不具有寬容的品質。如果我們能愛心永存，真誠待人，寬以待人，就能盡可能的贏得別人的好感、依賴和尊敬，就能較好的與周圍的人和睦相處，就能在人生旅途中順利的前行。

## 要有寬容的心懷

有一位住在山中茅屋修行的禪師，一天晚上散步歸來，看見小偷光顧自己的茅舍，但找不到任何財物，便脫下自己的外衣，站在門口等待小偷出來，他怕驚動了小偷。

小偷出來遇到禪師，正感到驚愕之時，禪師說：「我的朋友，你走大老遠的山路來探望我，總不能讓你空手而歸呀！夜深了，帶上這件衣服避寒吧！」說著，就把衣服披到小偷身上。

小偷滿臉羞愧，低著頭溜走了。

禪師望著小偷的背影消失在山林之中，不禁感慨的說：「可憐的人！但願我能送一輪明月給他，照亮他下山的路。」

第二天，禪師在溫暖陽光的輕拂下睜開眼睛時，看到他披在小偷身上的外衣被整齊的疊好，放在門口，禪師高興的說：「我終於送了他一輪明月！」

還有一則可以稱得上異曲同工的小故事：

在仙崖禪師的禪院中，有一個貪玩的學僧，他耐不住寺院的寂寞，常常在傍晚時分偷偷溜到後院高牆下，架起一張高腳凳，翻牆出去玩耍。

仙崖禪師發現後，沒有驚動任何人。

一次，學僧又翻牆出去了，仙崖禪師隨後將凳子搬到一邊，自己坐在牆下，等那學僧歸來。

夜深人靜，學僧興盡歸來，不知牆下的凳子已被搬走，從牆上翻下時，感覺到腳下的凳子變軟了，下來一看，原來是踩在仙崖禪師肩上，頓時嚇得魂飛魄散，跪在地上不敢言語。

仙崖禪師把他拉起，並安慰道：「夜深露重，小心著涼，快回禪房休息吧！」

學僧回房之後，心中忐忑不安，夜不能寐，擔心禪師會當著所有學僧的面懲處自己。

但事情一天天過去，禪師從來不提此事，更無他人知曉。

學僧深感慚愧，從此再也沒有私自外出，而是潛心修行，終成一代名僧。

## 有心就有福

兩位禪師在處事上不同於凡人，卻以自己寬闊的胸襟，大智大慧的挽救了一個浪子，成就了一個名僧。人非聖賢，孰能無過？對犯了錯誤的人以沉默的寬容態度待之，是無聲勝有聲的最好教育方式。

寬容是一種良好的心理特質，寬容待人，如春風化雨，滋潤萬物，真正寬恕別人，你才能夠得到真正的快樂。

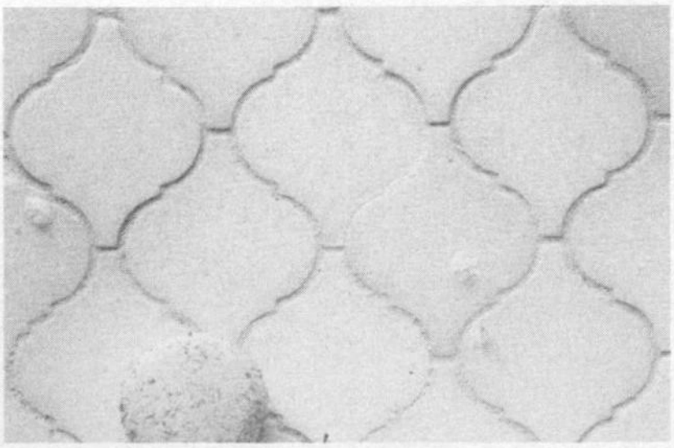

# 沒有必要生氣

古時候有一位婦人，特別喜歡為一些瑣碎的小事生氣。她也知道自己這樣不好，便去求一位高僧為自己講禪說道，開闊心胸。

高僧聽了她的講述，一言不發的把她領到一座禪房中，落鎖而去。婦人氣得跳腳大罵。罵了許久，高僧也不理會。婦人又開始哀求，高僧仍置若不聞。

婦人終於沉默了。高僧來到門外問她：「妳還生氣嗎？」

婦人說：「我只為自己生氣，我怎麼會到這地方來受這份罪。」

「連自己都不原諒的人怎麼能心如止水？」高僧拂袖而去。

過了一會兒，高僧又問她：「還生氣嗎？」

「不生氣了。」婦人說。

「為什麼？」

「氣也沒有辦法呀。」

「妳的氣並沒未消逝，還壓在心裡，爆發後將會更加劇烈。」高僧又離開了。

高僧第三次來到門前時，婦人告訴他：「我不生氣了，因為不值得氣。」

「還知道值不值得，可見心中還有衡量，還是有氣根。」高僧笑道。

當高僧的身影迎著夕陽立在門外時婦人問高僧：「大師什麼是氣？」高僧將手中的茶水傾灑於地。婦人視之良久，頓悟。叩謝而去。

## 有心就有福

我們的生命就像高僧手中的那杯茶水一樣，轉瞬間就和泥土化為一體。光陰如此短暫，生活中一些無聊小事，又哪裡值得我們花費時間去生氣呢？相信我們在生活中都有過為瑣事生氣的經歷，無非是為了爭個高低、論個強弱，但爭來爭去，誰都不會是最終的贏家，所以說，無論對什麼事，都沒有必要去生氣。

# 接受不完美的人生

圓心寺有個得道高僧，叫了空。

十六歲離開父母修行，距今已有幾百年了。自出家以來，每月裡，青燈黃卷，早誦晚唱，晨鐘暮鼓，香薰經洗，自感沾山水之靈氣，吸佛道之精華，已經六根清淨，六塵不染，了卻了一切塵緣。

因其德高望重，令人高山仰止，一時之間高山上香客不斷，來參禪解悟的也絡繹不絕。

一日，來了一個青年，想了卻塵緣，皈依佛門，在這裡尋一份清淨，找一方淨土。就跪在高僧的面前：「師傅，請收下我做你的徒弟吧！」

高僧看了看他，說：「你真的能了卻塵緣？」青年肯定的點點頭。

高僧的心裡突然閃出一個奇怪的念頭，他不相信眼前這個青年能了卻塵緣，一心向佛。

於是，高僧拿出一個早已蒙塵的銅鏡遞給青年，說：「佛門淨地，纖塵不染。既入空門，塵緣必了。鏡如你心，若能擦淨，再來。」

青年拿起銅鏡告別而去。回到家，淨了身，燒了香，心無雜念，虔誠的拿起銅鏡擦了起來。

上面的浮塵輕輕一擦就掉了。然後，有幾個黑色的印痕卻怎麼也擦不掉，於是，青年拿出一塊磨石，打磨了起來，就這樣努力不懈的打磨了半個月，銅鏡終於光鑒照人。

青年拿起銅鏡又來見高僧，高僧看了看，搖了搖頭。

青年不解，問高僧：「難道銅鏡還沒有擦淨？」

高僧微微笑道：「你要用心看看。」

青年拿起銅鏡，看了又看。終於看見了一道印痕。這道印痕若隱若現，如絲線般在光亮的鏡子上。青年臉紅了一下，轉身接過鏡子走了。

青年回到家裡，依然孜孜不倦的磨那個鏡子，無論春夏秋冬，從來沒有停息過，因為他的心早已斷絕紅塵皈依了佛門，他彷佛看見，在開滿蓮花的佛桌前高僧正在為自己剃度，自己將來就是佛前的一支蓮，哪怕是佛前的一柱香，燃盡自己也是幸福的啊。

一縷佛光燃亮了希望，一盞心燈照亮著行程。為了心中的希望，青年的手早已磨出了厚厚的老繭，腰也坐得如弓一般難以直起。

青年不知道這印痕有多深，拿起鏡子反過來一看，發現那個印痕已經透到了鏡子後面。

青年絕望了，他知道，鏡子上的印痕是磨不掉的了，他想，一定是高僧以為自己沒有誠心，難絕塵緣，才弄了這麼一個鏡子來暗示他。青年感到佛光消失了，心裡的那盞燈也熄滅了，眼前一片黑暗。不禁仰天長歎：佛啊！看來我今生是與你無緣了。

高僧正打坐參禪，忽然感覺到眼前出現兩朵蓮花，一朵含苞欲放，沒有盛開就凋落了。一朵看似清淨的蓮上，卻粘上了一點污泥。高僧大吃一驚，想起了那個來拜師的青年，忙派人下山去找。

然而，那個青年已懸梁自盡了。

高僧懊悔不已，忽然感到自己達到的生命之燈，也已到了油盡燈枯的時候了。高僧圓寂時，在生命的最後時刻，最先出現在他腦海裡的不是佛祖，而是他的父母。

高僧心裡長歎，看來自己也是難了塵緣，近百年的修行仍難成正果，更何況那個青年啊！人心如果真的如鏡，除了沒有瑕疵，為什麼就不能博大一些呢？誰又能把前塵過往擦得不留一絲痕跡？看來，人是多麼需要有一顆寬容和包容的心哪！

高僧圓寂了。佛祖卻寬容的留下了他，他成了佛。

## 有心就有福

寬容是一種智慧，是一種博大的情懷。寬容了他人，受益了自己，是做人的大度和涵養，是一種積極的生活態度和高尚的道德觀念。它不僅體現著人性的仁愛，更體現著一種智慧的技巧。

寬容是一種胸懷。人要成大事，就一定要有開闊的胸懷，只有養成了坦然面對、包容一些人和事的習慣，才能夠取得事業上的成功與輝煌。

# 就是這樣嗎

日本的白隱禪師一向受到鄰居的稱頌，說他是生活純潔的聖者。有一對夫婦，在他附近開了一家小吃店，家裡有個漂亮的女兒。不意間，倆夫婦發現女兒的肚子無緣無故的大了起來。這事使她的父母頗為震怒，免不得要追問來由。她起初不肯招認那人是誰，但經一再苦逼之後，她終於說出了「白隱」二字。她的父母怒不可遏的去找白隱理論，但這位大師只有一句答話：「就是這樣嗎？」

孩子生下來，就被送給了白隱。

此時，他的名譽雖已掃地，但他並不介意，只是非常細心的照顧孩子，他向鄰舍祈求嬰兒所需的奶水和其他一切用品。

事隔一年之後，這位沒有結婚的媽媽終於再也忍不下去了。她鼓起勇氣向她的父母吐露了真情：孩子的親生之父是在漁市工作的一名青年。

她的父母立即將她帶到白隱那裡，向他道歉，請他原諒，並將孩子帶回。白隱無話可說，他只在交回孩子的時候輕聲說道：「就是這樣嗎？」

## 有心就有福

如果我們都有「就是這樣嗎？」的包容心，相信這個世界會變得更加美好。但願，每個人都能有無心便安的超脫。

# 美與醜取決於自己的心靈

有一次，波斯匿王率領大軍經過佛陀講經說法的道場，聽到一位出家師父誦經的聲音特別好聽，他就下馬來請教佛陀，並且向佛陀行禮。

波斯匿王對佛陀說：「假如您能夠請那位誦經的師父出來，讓我們會面，我願意佈施十萬文錢。」

佛陀回答：「您應當先佈施十萬文錢，然後才可以請那位誦經的師父出來和您相見。否則，等您看到那位師父以後，您就一定不會出錢了。」

波斯匿王聽了佛陀這麼說，只好先佈施了十萬文錢供養僧寶。可是當他看到那位師父的相貌以後，他心裡覺得很後悔，沒有想到聲音清脆洪亮的那位師父，居然是一位個子長得那麼矮小，而且面貌很不好看的人。

他問佛陀這是什麼緣故，佛陀說：「從前有一位名叫迦葉佛的聖人，當他圓寂以後，國王為這位聖人蓋了一座很大的塔。國王命令四位大臣監工，可是其中有一位大臣很懶散。國王就責備他。」

那位大臣很氣憤的說：「這座塔太大了，何時才能完工呢？」可是等到完工後，他看到塔尖很莊嚴，就佈施了一個寶鈴在塔上。因為他的懶散和隨便發怨言，所以五百世中，身材都很矮小。又因為他掛了一個寶鈴在塔上，所以五百世中，聲音都非常洪亮而且悅耳。

## 有心就有福

由此可知，我們要明哲保身，則不可隨便批評別人或某件善事，也不要嘮嘮叨叨常發怨言，以免自食惡果。我們的六根（眼、耳、鼻、舌、身、意）造了不同的善惡業，就會各受不同的果報和苦樂。例如有的人很有錢，可是嘴巴難看，這是因為他前生雖然佈施修福，可是常犯口過或常說骯髒的話。

我們不但不可以說粗魯和損人的話語，甚至連憎恨的念頭也不可有，因為心裡一有了憎恨和怨氣，就會起煩惱，而使得身心不自在，並且影響到人際關係。所以古人說：沒有憎恨的清淨心，才是完美和永恆的。

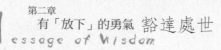

# 保持快樂的心態

一個小和尚在廟裡待煩了，總覺得心情煩悶、憂鬱，高興不起來，就去向師父訴說了煩惱。

圓通和尚聽了徒弟的抱怨說：「快樂是在心裡，不假外求，求即往往不得，轉為煩惱。快樂是一種心理狀態，內心湛然，則無往而不樂。」

接著，他給徒弟講了這樣一個故事：

某個村落，有個老爺，一年到頭的口頭禪是「太好了，太好了」。

有時一連幾天下雨，村民們都為久雨不晴而大發牢騷，他也說：「太好了，這些雨若是在一天內全部下來，豈不氾濫成災，把村落沖走了？神明特地把雨量分成幾天下，這不是值得慶幸的事嗎？」

有一次，太好老爺的太太患了重病。

村民們以為，這次他不會再說「太好了」吧？於是都特地去探望老太太。

哪知，一進門，老爺還是連說：「太好了，太好了。」

村民不禁大為光火，問他：「老爺，你未免過分了吧？老太太患了重病，你還口口聲聲太好了，這到底存的什麼心呀？」

老爺說：「唉呀，你們有所不知。我活了這麼一大把年紀，始終是老婆照顧我，這次，她患了病，我就有機會好好照顧她了。」

講完了故事，圓通和尚啟發弟子：「生活在世上，能把壞事從另一個角度看成好事，不是很有啟發嗎？只要抱著積極樂觀的態度，面對一切遭遇，就沒有什麼擺脫不了的憂鬱。」

## 有心就有福

沒有人能夠逃脫不幸與不快。即使你長途跋涉，走遍天涯海角，尋得一個看破紅塵的高僧，他同樣也逃脫不了現實中的猜疑、精神上的不滿和生活中的無聊。世界上不存在極樂天堂，沒人能從世俗的煩惱中解脫出來，我們所能做的只能是端正態度，妥當的去應付這些不愉快。

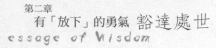

# 胸襟應盡可能開闊

一個年老的大師對總是抱怨的弟子感到厭倦了。

有一天，他派他的弟子去買鹽。弟子回來後，便吩咐這個整日裡不快樂的年輕人抓一把鹽放在一杯水裡，然後喝了它。

「味道如何？」大師問。

「鹹。」弟子忍不住吐了出來。

大師又吩咐年輕人抓了一把鹽放在附近的湖裡，老人說：「再嘗嘗湖水。」

年輕人捧起一口湖水嘗了嘗。

大師問他：「嘗到鹹味了嗎？」

「沒有。」年輕人答道。

大師對弟子說：「生命中的痛苦就像這鹽的鹹味，我們所能感受和體驗到的程度取決於我們將它放在多大的容器裡。」

## 有心就有福

故事中大師所說的「容器」其實就是指一個人的胸襟。當你感到煩惱，覺得身處困境，對生活有諸多抱怨的時候，不如去開闊你的胸懷。在博大的胸懷裡，一切瑣碎平庸的愁苦都會顯得微不足道。

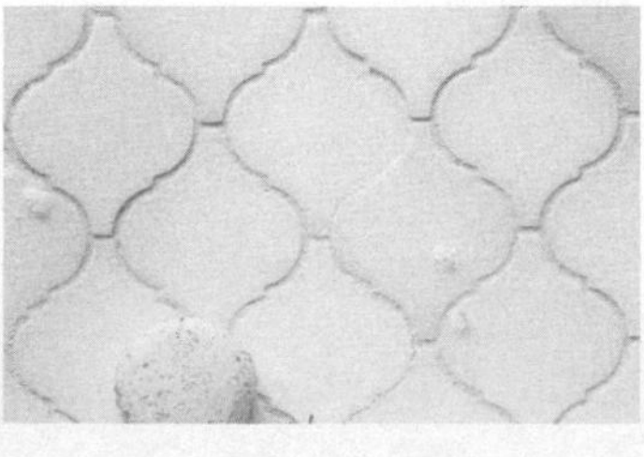

# 保持一顆平實的心

神光慧可禪師翻山越嶺來到嵩山少林寺，拜謁達摩祖師，要求開示，並請為入室弟子，達摩面壁靜坐，不理不睬。

神光於是在門外佇候，時值風雪漫天，過了很久，雪深及膝。達摩看他確實求法虔誠，才開口問他：「你久立雪中，所求何事？」

神光道：「惟願和尚開甘露門，廣度群品。」

達摩說：「諸佛無上妙道，曠劫精勤，難行能行，難忍能忍，尚不能至，汝公以輕心慢心，欲冀真乘，徒勞勤苦。」神光聽此誨勵，即以刀斷臂在達摩座前。

達摩說：「諸佛求道為法忘形，你今斷臂，求又何在？」

神光答道：「弟子心未安，請祖師為我安心！」

達摩喝道：「把心拿來，我為你安！」

神光愕然的說：「我找不到心呀！」

達摩微笑說道：「我已經為你將心安好了。」

## 有心就有福

我們的煩惱本空，罪業本無自性，失心寂滅，沒有妄想動念處，就是正覺，就是佛道。如果能夠保持一顆平實不亂的真心，佛性當下就會開顯。

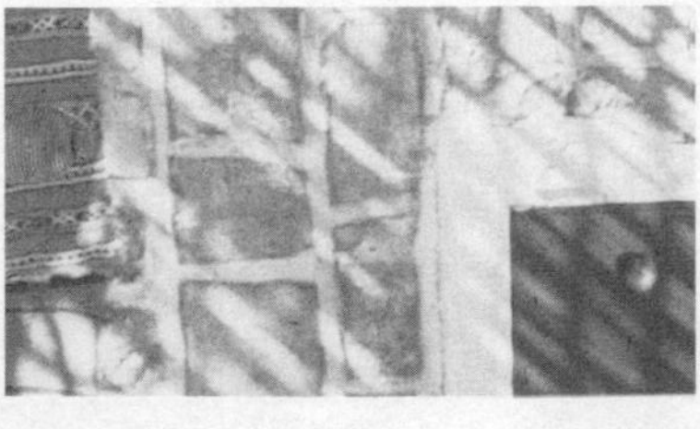

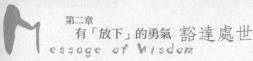

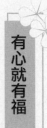

# 做一個心平氣和的人

一個叫林才的禪宗大師正在打坐，這時來了一個人。他猛的推開門，又砰的關上門。他一定在生氣，他的心情不好，所以就踢掉鞋子走了進來。

林才說：「等一下不要進來。先去請求門和鞋子的寬恕。」

那人說：「你說些什麼呀？我聽說這些禪宗的人都是瘋子，看來這話不假，我原以為那些話是謠言。你的話太荒唐了！我為什麼要請求門和鞋子的寬恕？這真叫人難堪……那雙鞋子是我自己的！」

林才又說：「你出去！永遠不要回來，你既然能對鞋子發火，為什麼不能請它們寬恕你呢？你發火的時候一點也沒有想到對鞋子發火是多麼的愚蠢。如果你能與憤怒相融合，為什麼不能與愛相融合呢？關係就是關係，憤怒是一種關係。當你滿懷怒火的關上門時，你便與門發生了關係，你的行為是錯誤的，是不道德的，那扇門並沒有對你做出什麼事。你先出去，否則就不要進來。」

林才禪師的啟發像一道閃電，那人開始領悟了。他明白了其中的邏輯，它是那麼清楚「如果你能夠發火，那麼為什麼不能去愛呢？」

於是他去了。也許這是他一生中的第一次，他撫摸著那扇門，淚水奪眶而出。當他向自己的鞋子鞠躬時，他的身上發生了巨大的變化。他轉身走到林才的面前。林才立刻伸開雙臂擁抱了他。

## 有心就有福

的確，我們在苦苦的尋找，苦苦的修煉，但悟到了什麼嗎？

答案是：沒有。

究其原因，還是沒有用一顆平靜的心去思考，去感悟，去體會。沒有心平氣和的態度是很難進步的，現實生活中也是如此。

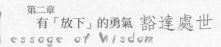

# 保持一顆真誠悔改的心

從前有座山，山上有個廟，廟裡有個老和尚和一個小和尚。

小和尚十分聰慧，頗具慧根。老和尚博學多才，把自己所學全部教給了小和尚，想讓他以後繼承自己的衣缽。

小和尚下山化緣，被外面的花花世界吸引，最終留在了塵世，沒有回廟。留在塵世的二十年中，小和尚得到了很多，功成名就。一天，當他看著窗外的流水、天上的浮雲，猛然醒悟！

終於，他回到廟裡，跪在老和尚面前，請求原諒。

小和尚沒有回來，老和尚以為他被人拐賣，痛苦萬分。

小和尚失蹤後，老和尚走遍了大半個國家，一直沒有放棄尋找。可是今天，小和尚竟然要請求自己原諒，老和尚憤怒了！

老和尚看也不看小和尚，一邊採著蘑菇，一邊指著胸前的念珠，說道：「我能原諒你，但佛祖會原諒你嗎？要我原諒你，除非這佛珠也能長蘑菇！」說完，拂袖而去。

佛珠上怎能長蘑菇？知道師父無法原諒自己，失望的小和尚又回到了塵世……

第二天，老和尚睡醒了，一睜眼，就看到胸前的念珠，還有那木板床上，滿滿的都長著大大的蘑菇。老和尚頓然醒悟。這世間還有什麼是不能諒解的呢？最寶貴的，其實是一顆真誠悔改的心呀！可是，小和尚已經下了山，他還會回來嗎……

## 有心就有福

人都會犯錯，當別人犯了錯的時候，我們要用一顆寬容的心原諒別人。用一顆寬容的心去理解別人，才可能不為身外之物所累，才會長久的心態恬靜愉悅。

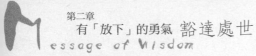

# 學會忍耐，少些煩惱

有一位青年脾氣非常暴躁、易怒，並且喜歡與人打架，所以很多人都不喜歡他。有一天無意中遊蕩到大德寺，碰巧聽到一休禪師正在說法，聽完後發願痛改前非，就對禪師說：「師父，我以後再也不跟人家打架發生口角，免得人見人厭，就算是受人唾面，也會忍耐的拭去，默默的承受！」

一休禪師說：「噯！何必呢，就讓唾涎自乾吧，不要拂拭！」

「那怎麼可能？為什麼要這樣忍受？」

「這沒有什麼能不能忍受的，你就把它當作是蚊蟲之類停在臉上，不值與其打架或者罵他，雖受唾面，但並不是什麼侮辱，微笑的接受吧！」一休說。

「如果對方不是唾面，而是用拳頭打過來時，那怎麼辦？」

「一樣呀！不要太在意！這只不過是一拳而已。」

青年聽了，認為一休說的太無道理，終於忍耐不住，忽然舉起拳頭，向一休禪師的頭上打去，並問：「和尚，現在怎麼辦？」

禪師非常關切的說：「我的頭硬得像石頭，沒什麼感覺，倒是你的手大概打痛了吧！」

青年啞然，無話可說。

## 有心就有福

世間上無論什麼事，說很容易，做很困難，在生活中多忍讓一些，你會發現會少很多煩惱。

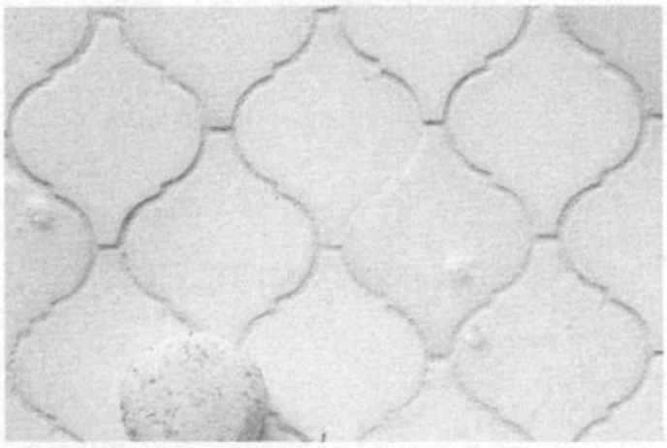

# 一村菊香

禪師在院子裡種了一棵菊花，第三年的秋天，院子成了菊花園，香味一直傳到了山下的村子裡。

凡是來寺院的人都忍不住讚歎道：「好美的花兒呀！」

一天，有人開口，向禪師要幾棵花種在自家院子裡，禪師答應了，他親自動手挑選開得最鮮豔、枝葉最粗的幾棵，挖出根須送到了別人的家裡。消息很快傳開了，前來要花的人接連不斷。

在禪師眼裡，這些人一個比一個知心、一個比一個親近，都要給。不多日，院裡的菊花就被送得一乾二淨。

沒有了菊花，院子裡頓時黯然失色。

弟子們看到滿院的淒涼，說道：「真可惜！這裡本應該是滿院香味的，現在一棵菊花也沒有了。」

禪師笑著對弟子說：「你想想，這樣豈不是更好，三年後一村子菊香！」

「一村菊香！」弟子們不由心頭一熱。眼前浮現出一村子菊花盛開的美好景象。

禪師說：「我們應該把美好的事與別人一起分享，讓每一個人都能感受到這種幸福，即使自己一無所有了，心裡也是幸福的！這時候我們才真正擁有了幸福。」

## 有心就有福

你在惋惜自己美好的東西因為被分享而失去時，更要明白你終將因分享而得到更美好的東西。一個人不能總想著自己，應該把美好的東西拿出來與別人一起分享，那樣你才會體會到：其實與別人分享幸福，比自己佔有幸福更快樂！

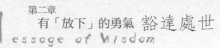

# 時間會沖走一切的煩惱

一位滿臉愁容的生意人來到禪師的面前。

「我急需您的幫助。雖然我很富有，但人人都對我橫眉冷對。我感覺生活真的像一場充滿爾虞我詐的廝殺。」

「那你就停止廝殺好了。」禪師回答他。

生意人對這樣的告誡感到無所適從，他帶著失望離開了禪師。

在接下來的幾個月裡，他的情緒變得糟糕透了，他與身邊的每一個人爭吵鬥毆，由此結下了不少冤家。一年以後，他變得心力交瘁，再也無力與人一爭長短了。

一天，他又來到了禪師的面前：「唉，現在我不想跟人家鬥了。但是，生活還是如此沉重——它真是一份沉重的擔子啊。」

「那你就把擔子卸掉吧。」禪師回答。

生意人對這樣的回答很是氣憤，又怒氣衝衝的走了。

在接下來的一年當中，他的生意遭遇了挫折，並最終喪失了所有的家當。妻子帶著孩子離他而去，他變得一貧如洗，孤立無援，於是他再一次向禪師討教。

「我現在已經兩手空空，一無所有，生活裡只剩下了悲傷。」

「那就不要悲傷了。」生意人似乎已經預料到會有這樣的回答，這一次他既沒有失望也沒有生氣，而是選擇待在老禪師居住的那個山的一個角落。

有一天，他突然悲從中來，傷心的號啕大哭起來。幾天，幾個星期，乃至幾個月的流淚。最後，他的眼淚哭乾了。他抬起頭，早晨和煦的陽光正普照著大地。於是，他又來到了禪師那裡。

「請您告訴我，生活到底是什麼呢？」

禪師抬頭看了看天，微笑著回答道：「一覺醒來又是新的一天，你沒看見那每天都照常升起的太陽嗎？」

### 有心就有福

無論遇到怎樣的不快，無論內心有多不滿，卸掉生活的重擔，看開一切，嶄新的美好仍在等待你。

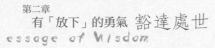

# 用品德除掉心靈上的雜草

子弟們坐在禪師周圍，等待著師父告訴他們人生和宇宙的奧祕。

禪師一直默默無語，閉著眼睛。突然他向弟子問到：「怎麼才能除掉曠野裡的雜草？」弟子們目瞪口呆，沒想到禪師會問這麼簡單的問題。

一個弟子說：「用鏟子除。」

另一個說：「用火燒掉。」

第三個說：「把石灰撒在草上。」

第四個說：「你們的方法都不行，斬草要除根，必須把草根都挖出來。」

弟子講完後，禪師說：「你們講的都很好，從明天起，你們把這塊草地分成幾塊，按照自己的方法除去地上的雜草，明年的這個時候我們再到這個地方相聚！」

第二年的這個時候，弟子們早早就來到了這裡。

原來雜草叢生的地已經不見了，取而代之的是成熟飽滿的莊稼。

弟子們在過去的一年裡用盡了各種方法都無法除去雜草，只有在雜草地裡種莊稼這種方法取得了成功。

他們圍著莊稼地坐下，莊稼已經成熟了，可是禪師卻已仙逝，那是禪師為他們上的最後一課，弟子們無不流下感激的淚水。

## 有心就有福

要想讓心靈更純淨，要想讓壞習慣沒有立足之地，最好的辦法就是培養自己的美德，養成良好的新習慣，並不斷完善自身。要除掉我們心靈上的雜草，就必須不斷的修行我們的良好品德。

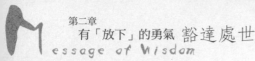

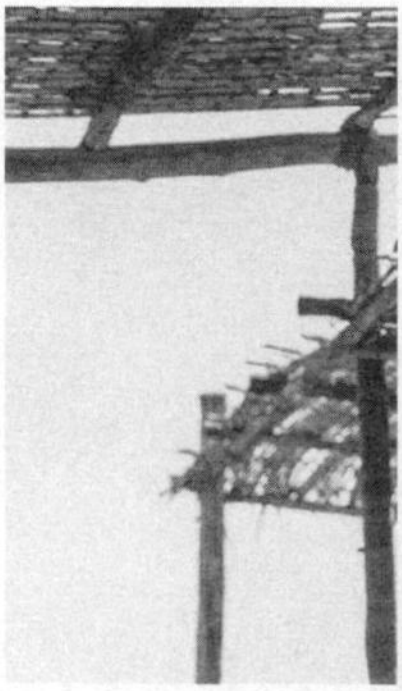

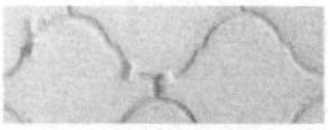

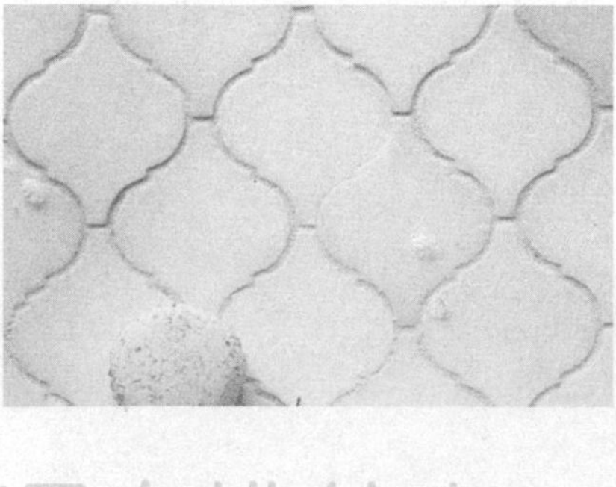

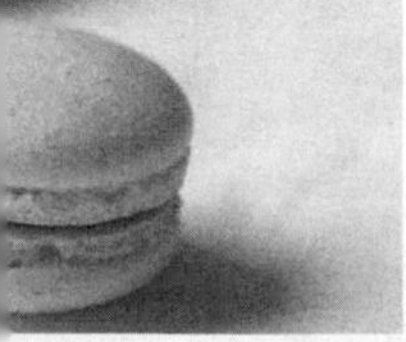

命運安排什麼，
我們就享受什麼

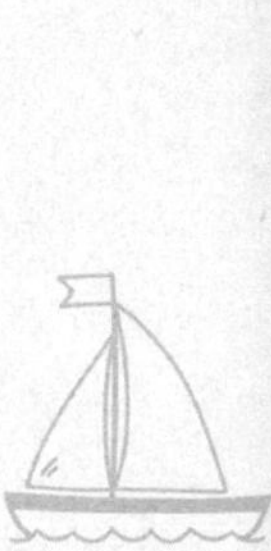

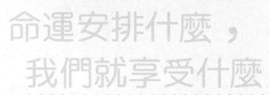

# 第三章

# 主宰自己的命運——參透潛能

只要善於認識和開發自我，每個人都可以成功。與其作好高騖遠、不著邊際的追求，倒不如不懈地挖掘自身的鑽石寶藏。

# 分清自己真正想要的

有一年，悅淨大師決定和幾個弟子去甘肅雲遊。

當時，正逢該地區發生嚴重的旱災，悅淨大師的行囊中，塞滿了食具、切割工具、農物、指南針、觀星儀、中草藥等，他認為這樣就為旅行做好了萬全之備。

一天，當地的一位土著嚮導檢視完悅淨大師的背包之後，突然坦率的問了一句：「這些東西讓你感到快樂嗎？」

悅淨大師愣住了，這是他從未想過的問題。他開始問自己，結果發現，有些東西的確讓他很快樂，但是，有些東西實在不值得他背著它們走那麼遠的路。

於是，悅淨大師決定取出一些不必要的東西送給當地村民。接下來，因為背包變輕了，他感到自己不再有束縛，旅行變得更愉快。

悅淨大師因此得到一個結論：生命裡填塞的東西越少，就越能發揮潛能。

從此，悅淨大師學會在人生各個階段中定期「解開包袱」，隨時尋找減輕負擔的方法。

## 有心就有福

人的一生就如一次旅行，在這一路上總是有太多的東西讓人難以割捨。但並不是每一件東西都對你很重要。這就需要你分清自己的真正所要。

# 把劣勢轉為優勢

三個和尚——永戒、惠忠和隨緣同時住在一家旅店。

早上出門時，惠忠帶了一把傘，隨緣拿了一根拐杖，永戒則兩手空空。

晚上歸來時，拿雨傘的惠忠被淋濕了衣服，拿拐杖的隨緣跌得身上全是泥，而空手的永戒卻什麼事都沒有。

惠忠和隨緣都覺得很奇怪，便問永戒和尚這是為什麼。

永戒和尚沒有回答，卻問隨緣：「你為什麼淋濕而沒有摔跤呢？」

惠忠說：「下雨的時候，我很高興有先見之明，撐著傘大膽地在雨中走，衣服還是濕了不少。泥濘難行的地方，因為沒有拐杖，走起來小心翼翼，就沒有摔跤。」

永戒又問隨緣，隨緣說：「下雨時，因為沒有傘，我就挑能躲雨的地方走或停下來休息，泥濘難行的地方我便用拐杖拄著走，卻反而跌了跤。」

永戒哈哈大笑，說：「下雨時，我挑能躲雨的地方走；路不好時，我細心走。所以我沒有淋著也沒有摔著。你們有可憑藉的優勢，就不夠仔細小心，以為有優勢就沒問題，所以反而有傘的淋濕了，有拐杖的摔了跤。」

## 有心就有福

有些外在的力量有時候是能夠助自己一臂之力的，但是畢竟是外在的力量。什麼事情也不如自己親自完成的更好，要試著依靠自己的力量去做事，並發揮自己的特長，把劣勢轉化成優勢。

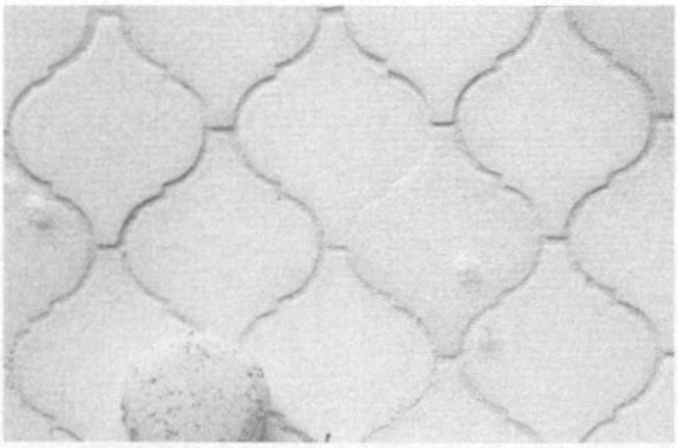

# 小和尚撈魚

有一個年輕的小和尚，有一天在逛集市的時候，看見一位老人擺了個撈魚的攤子。老人向有意撈魚的人提供漁網，撈起來的魚歸撈魚人所有。這個小和尚一時善心大發，他想：「我要把這些魚都撈起來，全部放生。」

於是，小和尚蹲下去撈起魚來，可是，他一連撈碎了三張網，連一條小魚也沒撈到。

小和尚見老人眯著眼看自己的狼狽相，心中似乎還在暗自竊笑，便不耐煩地說：「施主，你這網子做得太薄了，幾乎一碰到水就破了，那些魚又怎麼能撈得起來呢？」

老人回答說：「小師父，看你也是個明白人，怎麼也不懂呢？當你心生意念想撈起你想要的那麼多魚時，你考慮過你手中的漁網是否真的能夠承受嗎？追求不是件壞事，但是要完全瞭解你自己呀！」

小和尚不服氣的說道：「可是我還是覺得你的網太薄，根本撈不起魚。」

「小師父，你還不懂得撈魚的哲學吧！這和我們俗人所追求的事業、愛情、金錢都是一樣的。當你沉迷於眼前目標的時候，你衡量過自己的實力嗎？」

小和尚思考著，似乎明白了什麼。

## 有心就有福

擁有遠大的理想不是壞事，但若超出了自身的實際能力，就未免顯得不合時宜了。合理定位，適時把握，才能穩妥地達到目標。古人云：「心不可太大，心太大，則捨近圖遠，難期有成矣。」人應該務實一點，若一直企望著遙不可及的事物不如量力而行，從身邊相對容易的事情著手，一步步達到自己的目的。

# 生活中處處有禪機

一能追隨堂明師父學徒數年中，整天忙於日常瑣事，不曾得到師父一言半語的法要。一天一能忍不住向堂明師父說：「師父！弟子自從跟隨您以來，一次也不曾得到您的開示，請師父傳弟子修行的法要吧！」

堂明大師聽後回答道：「你剛才講的話，真是冤枉師父啊！你想想看，你在我身邊，我未嘗一日不傳你修行的心要。」

「弟子愚笨，不知您傳授給我了什麼？」一能訝異的問。

「你端茶給我，我就喝；你捧飯與我，我就吃；你向我行禮，我就向你點頭。我何嘗一日懈怠？這些不都在給開示你嗎？」

一能聽了，當下頓然開悟。

## 有心就有福

生活中有很多機會都是可以讓你有所得的，但是人的習慣思維讓你體會不到這種機會的存在，從習慣思維中解脫出來才能看到生活中的花花草草。

# 確定一個明確的目標

有一個小和尚漫步於田野中，發現水田當中新插的秧苗竟排列得如此整齊，他不禁好奇的問田中工作的老農，是如何辦到的。老農忙著插秧，頭也不抬的要他自己取一把秧苗插插看。小和尚高興的插完一排秧苗，結果竟是參差不齊。老農告訴他，在彎腰插秧的同時，目光要盯住一樣東西。小和尚照他說的做了，不料這次插好的秧苗，竟成了一道彎曲的弧線。老農問他：「你是否盯住了同樣的東西呢？」

「是呀，我盯住了那邊吃草的水牛，那可是一個大目標啊！」

「水牛邊走邊吃草，而你插的秧苗也跟著移動，你想這個弧線是怎麼來的？」

小和尚恍然大悟，這次，他選定遠處的一棵大樹。

## 有心就有福

如果你不知道現在正往哪裡走，就停下來想一想，找到一個明確的目標之後再走，否則不但不可能到達目的地，還會越走越遠。只有確立明確的目標，才能慢慢的朝著目標邁進。

# 做自己的主人

有一位修行僧來到施主家，看見對方正用楊枝漱口，並把牛黃塗在前額，頭頂戴著貝殼，手拿毗勒果高高舉起，然後貼在額上，態度非常的恭敬。

修行僧看見他這個樣子，不解的問道：「你到底在做什麼？」

施主得意的說：「我要扮吉相。」

「扮吉相能得到什麼好處呢？」修行僧追問。

「這樣就能得到巨大的功德，譬如該死的，能得以存活；被捆綁著的，能得以解脫；挨打的，能被寬恕等等，舉不勝舉。」

聽到施主如此無知的話，修行僧笑道：「如果說扮作吉相就能獲得這些福利，那真不錯。但是請你告訴我，這牛黃是從哪裡來的？」

「牛黃是從牛的胸腔中取出的。」施主說。

「如果塗上這牛黃，就可以得到吉祥和福報，那麼，牛為什麼反而被人用繩子、鏈子穿透鼻孔，被迫去拖車，被人騎乘，而且還要忍受鞭策、饑渴和疲勞的煎熬呢？」

「牛的確是過著這樣的生活。」施主點頭表示同意，但他不明白這是為了什麼。「牛自身擁有吉祥的牛黃，卻無法解救自己所受的困苦，這又是為什麼呢？」修行僧見施主仍然迷惑，又進一步開解說：「牛有牛黃，尚且不能解救自己的苦痛，而你只是在額上擦些牛黃，又怎能解救自身的困境呢？」施主聽完修行僧的教訓，覺得有道理，也就默不作聲了。

修行僧又問他：「這種雪白的硬物，又能吹出聲音的東西，到底是什麼？它是從哪裡來的？」

「這是從海裡湧出來的貝殼。」施主回答。

修行僧解釋道：「它顯然是被海浪遺棄在陸地上，又被烈日炙曬，才窒息而死的。倘若如此，怎能說是吉相呢？那隻蟲跟貝殼一塊兒生活，晝夜都藏在貝殼裡。但當牠死去的時候，貝殼尚且救不了牠，你現在只是暫時戴上了貝殼，如何救得了你的不吉呢？」施主一聽，連連點頭，默默不語。

修行僧知道自己的話已經打動了對方，是該救他的時候了，便繼續說：「你告訴我，世人把它看成是歡喜丸，非常重視的那個東西是什麼？」

「那是毗勒果啊！」施主說。

「毗勒果是樹上的果實。人要得到它時，先用石頭投擲，毗勒果和樹枝就一塊兒墜地。因為有果實存在，樹枝和葉子才會被打落下來。」

「的確如此。」

「如此看來，你就算有了它，又有什麼吉相可言呢？果實雖然生長在樹上，自身卻無法守住這棵樹。有人投擲要得到它，樹枝和樹葉便也同時墜落，又被做成柴薪燃燒而不能自救，它又怎麼能保護得了人類呢？」

聽了修行僧一番誠懇的話，施主心頭的迷惑頓時解開了。他終於明白，這世上根本沒有一個外在的可以主宰吉凶的東西。

## 有心就有福

外在的幫助固然重要，但只有自己才能真正的主宰自己。正如故事中的施主所領悟到的，世上並沒有外在的、可以主宰吉凶的東西。因此，一定要學會做自己的主人，勇於認識和發現自我，自己主宰自己的命運。

# 明珠在掌卻渾然不知

有個窮人去拜訪一位極富有又位居高位的朋友。朋友見他窮困潦倒，非常同情他，所以很用心的招待他。

窮人在朋友熱誠的招待下放懷吃喝，酒足飯飽之餘竟醉了，倒地呼呼大睡。這時朋友忽然接到官方命令，要到遠方任職，朋友想向他告別，卻搖不醒他，好意要資助他的金銀無處可託。於是想出一計，將一顆高價的珠寶縫在他的衣服裡，然後朋友即匆匆赴遠地去了。

窮人好不容易清醒了，卻未發覺自己身懷寶物，以為自己還是身無分文，又不見朋友蹤跡，只好繼續流浪。

直到在一次偶然的機會中，兩人重逢了，朋友見他仍潦倒如昔，遂問起那顆高價的明珠呢？這時他才發現自己擁有一顆珍貴的明珠而不自知。

## 有心就有福

人生宛若大夢一場，也像是在道路中摸索，如果迷失自己，做的是迷夢，走的是迷途，只知追逐短暫的幸福，當然無法發現自己掌中的明珠。

日本鎌倉時代天臺宗高僧，也是著名的歌人慈鎮和尚有一首歌非常貼切，歌云：

「醒來衣中有明珠，猶是迷途路中人。」

佛性就在自己的身上，猶似「明珠在掌」，如果自己不去發覺它，明珠也只是一件無用的廢物而已。

# 讓自己變成一顆明珠

有一個自以為是的年輕人，畢業以後求職屢次受挫，心中滿是傷心絕望，覺得沒有伯樂來賞識他這匹「千里馬」。

痛苦絕望之下，他來到海邊想結束自己的生命。

正在這時，有一位老人從附近經過，救了他。

老人問明經過後，就從沙灘上撿起一粒沙子，然後扔在地上，讓年輕人撿起來，年輕人看了看說：「這根本不可能。」

老人沒說話，又拿出一顆珍珠扔在地上說：「你能撿起那一顆珍珠嗎？」

年輕人說：「這當然可以。」

這時老人說：「現在你該明白這是為什麼了吧？如果你是一粒沙子，就不要苛求別人肯定你，想要被肯定，就要努力使自己變成一顆珍珠。」

年輕人聽了蹙眉低首，一時無語。

## 有心就有福

如果你不想做沙灘上的一粒沙子，大海中的一滴水，不想成為一個平凡的人，那麼你就要努力把自己變成一個出類拔萃的人，那樣你才會像金子一樣發光，才會得到大家的賞識和認可。

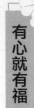

# 能大能小的心

一位信者問無德禪師道：「同樣一顆心，為什麼心量有大小的分別？」

禪師並未直接作答，只告訴信者道：「請你將眼睛閉起來，默造一座城垣。」

於是信者閉目冥思，心中構想了一座城垣。信者：「城垣造畢。」

禪師：「請你再閉眼默造一根毫毛。」

信者又照樣在心中造了一根毫毛。

信者：「毫毛造畢。」

禪師：「當你造城垣時，是否只用你一個人的心去造？還是借用別人的心共同去造呢？」

信者：「只用我一個人的心去造。」

禪師：「當你造毫毛時，是否用你全部的心去造？還是只用了一部分的心去造？」

信者：「用全部的心去造。」

於是禪師就對信者開示道：「你造一座大的城垣，只用一個心；造一根小的毫毛，還是用一個心，可見你的心事能大能小啊！」

## 有心就有福

我們的心要能大能小，對很多事物要想得開，大事情看小，小事情看大，得意時不要過分高興，失意時也不要過度悲傷。

# 你本來就是佛

據說當臨濟去拜見他的師父時，淚流滿面哭問師父：「要如何才能變成佛？」師父重重打了他一巴掌。

他非常震驚，問說：「為什麼？我問錯什麼事了嗎？」

師父說：「是的，這是一個非常離譜的問題，如果你再問我，我會把你打得更重，真愚蠢！你本來就是個佛，而你卻在問：『要如何才能變成佛？』一旦你進入了要如何才能變成佛這陷阱，你將會永遠錯過一個要點：你自己一直都是個佛。

這件事是發生在佛陀的有生之年。在他的前世，他聽說有一個人已經成佛，所以到那裡向他行頂禮，但是他非常驚訝，因為當他向那個佛行頂禮，那個佛也馬上向他行頂禮。

他說：「這是令人困惑的，我向你行頂禮是因為我是無知的人，我還在尋找、還在追求，但是你已經成道了，你為什麼要向我行頂禮？」

那個佛笑著說：「也許你還不知道你是誰，但是我知道你是誰。當我知道我是誰，我就知道整個存在是什麼，你或許還沒有覺知到，對你來說，要覺知到你是誰或許還需要一些時間。」

## 有心就有福

故事告訴我們命運還是得靠自己掌握的。天生我材必有用，只要你肯努力，只要你去感悟，命運在你的努力下、感悟中就已經發生了改變。思想的力量是無限大的，而覺悟了的思想的力量更是無限的大。

## 安己一顆慧心

一天，雲岩禪師正在編織草鞋的時候，洞山禪師從他身邊經過，一見面就說道：「老師！我可以跟您要一樣東西嗎？」

雲岩禪師回答道：「你說說看！」

洞山不客氣的說道：「我想要您的眼珠。」

雲岩禪師很平靜的道：「要眼珠？那你自己的眼珠呢？」

洞山道：「我沒有眼珠！」

雲岩禪師淡淡一笑，說：「要是你沒有眼珠，如何安置？」

洞山無言以對。

雲岩禪師此時才非常嚴肅的說道：「我想你要的眼珠，應該不是我的眼珠，而是你自己的眼珠吧？」

洞山禪師又改口道：「事實上我要的不是眼珠。」

雲岩禪師終於忍不住這種前後矛盾的說法，便對洞山禪師大喝一聲道：「你給我出去！」

洞山禪師並不詫異，仍非常誠懇的說道：「出去可以，只是我沒有眼珠，看不清前面的道路。」

雲岩禪師用手摸一摸自己的心，說道：「這不早就給你了嗎？還說什麼看不到！」

洞山禪師終於言下省悟。

## 有心就有福

肉眼，是觀看世界萬象、長短方圓、青紅赤白的，這種觀看只是表面的、生滅的、現象的，而心眼才能觀察宇宙萬物的本體、實質。這種觀察是普遍的，裡外如一的，難怪洞山雖有肉眼，仍看不清前途。當雲岩禪師告訴他心眼的妙用，洞山才有所省悟。

如果說肉眼是用來觀察世界的，那麼心眼則是用來思考人生的。借人一雙慧眼不如安己一顆慧心！

# 始終做你想成為的人

從前，在某個村莊，住著一個農夫，農夫有一匹毛驢。

有一天，他把馬鈴薯放在驢背上去集市上賣，做完買賣，他高高興興的牽著毛驢回家，嘴裡還哼著小調呢！

農夫在路上遇見一個人，那人說：「哎呀！真笨，有驢不騎，偏要費勁的走路。」

農夫想了想，覺得有道理。便騎著毛驢回家，果然很舒服，他也許還想著要和某個姑娘相親相愛呢！

不久，他又遇見一個人，那人說：「真不像話，毛驢每天為你辛苦勞累，你竟然還要騎著牠，讓牠得不到休息。」

農夫一拍腦袋說：「是呀，我真沒良心。」

他跳下驢來，卻不知道該怎麼辦才好，騎也不對，不騎也不對，到底該怎麼辦啊？他只好扛著驢回家。路上的人都笑道：「瞧，那個大傻瓜。」

農夫一氣之下，把毛驢仍下懸崖。看見的人都說：「真殘忍，好端端毀了一頭毛驢。」

農夫火冒三丈的大叫：「我死了，總不會有人說什麼了吧？」

他一躍跳下懸崖，但是人們依舊說道：「這傢伙真是不可救藥，連自己都敢扔。」

## 有心就有福

這個故事怎麼樣？很荒唐吧？可是，如果一個人沒有自己的思考能力，生活方式，就會成為這樣的「農夫」。這個人依賴別人的意見的結果就是不負責任的把生命扔下懸崖。所以每個人都絕不能別人一開口就變得驚慌失措，沒有了主見。

## 命運線在自己的手中

想必大家都聽說過著名的企業家易發久吧。大家都很羡慕他的成功，但要知道他的成功並非是一蹴而就的。

易先生大學畢業後，曾經做過十幾種不同的工作。他當過大學老師，做過公務員等等，但是最後都是以失敗而告終的。

今天的他能取得這麼大的成就，這都要歸功於曾經發生的一件事，這件事對他的一生產生了重大影響。那就是在九華山的一座寺廟裡，他和老和尚關於「命運」的對話。

易先生問：「世界上到底有沒有命運？」

「當然有。」和尚果斷的答道。

易先生又問：「既然有命運之說，那奮鬥還有什麼用？」

老和尚聽了，笑而不答。隨後又抓起易先生的左手，說了些手上有生命線，事業線之類算命的話，然後又讓易先生舉起左手並握成拳頭。老和尚看著易先生緊握的拳頭問他：「那些生命線在哪裡？」

易先生很直接的回答：「當然是在我手中呀！」

剛一說完，易先生才覺得自己恍然大悟，是啊，命運其實就在我們自己的手中。後來每逢挫折和困難時，他都會握緊拳頭對自己說：「命運就在自己的手中。」

## 有心就有福

對年輕人來說，人生是漫長的，也是豐富多彩的，成功或者挫折都是暫時的。因此，成功時需謙虛謹慎，不可為一時之得而陶醉；挫折時更要冷靜，不可為一時之失而氣餒。重要的是，懷抱遠大理想，樹立堅定信心，磨礪意志品質，追求不斷進步。有句話說得好，「態度決定一切，命運就掌握在自己手裡」。

# 堅持自己的想法

有個婆羅門教徒想捉一隻野獸做祭品。他捕到一隻山羊。回家的路上，正巧被三個騙子看到了。騙子們私下說，「我們今天有羊肉吃了。」他們偷偷商量好一個圈套便散開，接著先後朝婆羅門教徒走去。

第一個騙子過去對這位婆羅門教徒說：「我的好人，你肩上背著的這條狗一定很不錯，牠大概殺死了不少兇猛的野獸吧！」說完，他就走開了。這個婆羅門教徒心想：「這混蛋說了什麼？難道我會將一條狗背在肩上！」

這時，另外兩個騙子也到了他跟前，並招呼道：「喂！你這位教徒怎麼如此荒唐？你看，這神聖的祭繩、念珠、水缽、婆羅門教徒的額前聖點，而肩上卻扛著一條狗——這哪裡相配呢？這條狗肯定是捕殺兔子、羚羊和野豬的能手。」他們說著也走過去了。

這位婆羅門教徒只好將這隻準備獻祭用的牲畜放在地上，想把事情重新弄個清楚。等他仔細的摸了摸牲畜的耳朵、角、尾巴和身體其它部位後，暗自說，「這些傢伙真笨，他們竟會把這隻山羊當成一條狗！」他重新將山羊扛到肩上，繼續往前趕路。

此時，那三個騙子回頭對教徒嚷道：「離遠點，別挨著我們！靠邊走！你呀，只是看起來純潔，婆羅門教徒！你竟與狗接觸，那肯定會變成一個獵人，並從此歸屬那種鄙劣的階層了。」他們說著便走開了。

這時，教徒不禁疑惑起來：「這是怎麼回事呀，他們三個人都這麼說？多數人的意見應該不會錯，更何況世上常有弄錯的事。或許這隻真的不是山羊，而是一隻吃人的狗身鬼怪吧？牠還會千變萬化呢！難不成牠又現出了狗身？」他一想到這裡，嚇得不敢再看一眼，丟下山羊，掉頭就跑。

那三個騙子便把山羊拖走吃掉了。

## 有心就有福

類似這個婆羅門教徒的愚蠢行為並不少見，他的遭遇容易讓人聯想起魯迅的名言：「其實世上本沒有路，走的人多了，也便成了路。」用這話來審視人們的言論也是一樣，謊言說的多了也可能變成真的。

所以，要相信自己，不要輕易被他人的話所矇騙。有的人是存心要玩弄你，因此，一定要堅定自己的意志，堅信自己的想法，不能讓他人的陰謀得逞。

# 不要因為渺小而自卑

一個小和尚，他覺得自己的地位很卑微，因此，他整天埋怨自己的命運不好，一輩子都是小和尚，被別人看不起。

夏日裡的一天，他彎著腰在院子裡鋤草，因為天氣炎熱，所以臉上不停的冒汗，汗珠一滴一滴的流下來。

「可惡的青草，假如沒有這些青草，我的院子一定很漂亮，為什麼有這些討厭的青草，來破壞我的院子呢？」小和尚忿忿地嘀咕著。

有一棵剛被拔起的小草，正躺在院子裡，它聽到小和尚的話，回答說：「你說我們可惡，但是你有沒有想過，我們也是很有用的。請你聽我說一句吧！我們把根伸進土中，等於是耕耘泥土，當我們被拔掉時，泥土就已經是耕過的了。

「下雨時，我們能防止泥土被雨水沖掉；在乾旱的時候，我們能阻止強風刮起沙土。我們是替你守衛院子的衛兵，如果沒有我們，你根本就不可能享受賞花的樂趣，因為雨水和狂風會沖走種花的泥土……你在看到花兒盛開時，能不能也想起我們青草的好處呢？」

小和尚聽得呆住了。他沒想到，一棵小草竟然不會因為自己的渺小而自卑。

小和尚對小草肅然起敬。他擦去額上的汗珠，然後微笑了。

## 有心就有福

不論你認為自己有多不起眼，不論你認為自己有多卑微，有一點你是不能忘記的，那就是你的獨特價值是任何人都取代不了的。一棵小草都沒有因為自己的渺小而自卑，你就更要看重自己的價值了。

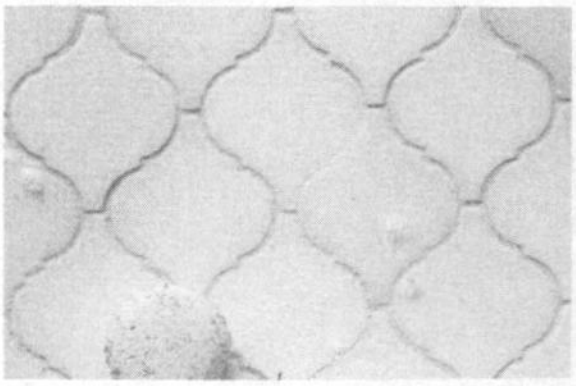

# 同樣是一斤米

一青年向一禪師求教。

「大師，有人贊我是天才，將來必有一番作為；也有人罵我是笨蛋，一輩子不會有多大出息，依您看呢？」

「譬如同樣一斤米，用不同眼光去看，它的價值也就截然不同。在炊婦眼中它不過做兩大碗米飯而已；在農民看來，它最多值一塊錢罷了；在賣粽子人的眼裡，包成粽子後，它可賣三元；在糕餅業者看來，它能被加工成餅乾，賣五元；在味精業者眼中，它可提煉出味精，賣八元；在釀酒商看來，它能釀成酒，勾兌後，賣四十元。不過，米還是那斤米。」

大師頓了頓，接著說：「同樣一個人，有人將你抬得很高，有人把你貶得很低，其實：你就是你，你究竟有多大出息，取決於你到底怎樣看待自己。」

青年豁然開朗。

## 有心就有福

一樣的東西，在不一樣的人眼裡卻不一樣，有不一樣的價值。同樣，你也是，有人會欣賞你，有人會詆毀你。但不管怎樣，沒有人能決定你是一個什麼樣的人，只有你自己能決定。

# 最有價值的是你自己

石屋禪師外出，遇見一位陌生人，暢談之下，不覺天色已晚，兩人因此投宿旅店。

半夜，石屋禪師聽到房內有聲音，就問：「天亮了嗎？」對方回答：「沒有，現在仍是深夜。」

石屋禪師心想，這個人能在深夜漆黑中起床摸索，一定是見道很高的人，或許還是個羅漢吧？於是又問：「你到底是誰？」可是，那人卻回答：「我是小偷！」

石屋禪師說：「喔！原來是個小偷，你前後偷過幾次？」

小偷回答：「數不清了。」

石屋禪師問：「每偷一次，能快樂多久呢？」

小偷回答：「那要看偷的東西，價值怎樣啊！」

石屋禪師追問：「最快樂時能維持多久？」

小偷回答：「幾天而已了。過後仍舊不快樂的。」

石屋禪師說：「原來是個鼠賊，為什麼不大大的偷一次啊？」

小偷問：「你有經驗嗎？你共偷過幾次啊？」
石屋禪師回答：「只有一次。」
小偷疑惑的說：「只有一次？這樣能夠嗎？」
石屋禪師回答：「雖然只有一次，但畢生受用不盡啊！」
小偷急問：「這東西是在哪裡偷的？能教我嗎？」
石屋禪師一聽，就一把抓住鼠賊的胸部說：「這個你懂嗎？這是無窮無盡的寶藏，你將真正的一生奉獻在事業上，畢生受用不盡，你懂嗎？」
小偷說：「好像懂，又好像不懂。不過這種感受卻讓人很舒服。」
後來，鼠賊深深後悔自己的偷竊的行為，因此皈依石屋禪師，做了一名禪者。

## 有心就有福

人為什麼貪取身外之財，自身的寶藏為什麼反而不要呢？其實，我們自身才是無窮無盡的寶藏啊！只有開發自己身上的潛能，做出一番事業，才會得到真正的快樂。

# 自己創造奇蹟

以前有一個人，他覺得生活太平淡了，於是天天都期望能出現奇蹟。為了讓奇蹟早些出現，他向佛祖祈求，佛祖問他：「你想要什麼樣的奇蹟呢？」

這個人回答說：「奇蹟就是做夢都想不到，完全超乎我想像的事情。」

佛祖說：「好，我答應你，奇蹟明天就會出現。」

這個人開始焦急的等待。但是很多天過去了，什麼奇蹟也沒有出現，他對著天空向佛祖質問：「你為什麼沒有給我奇蹟？」

「我早就給你奇蹟了呀！」天空中飄來了佛祖的聲音。

「我怎麼沒看見？」

「其實你天天都生活在奇蹟中，你不是說奇蹟就是你做夢也沒想到，完全超乎你想像的事情嗎？我給過你了，你以為佛祖能給你奇蹟，可是佛祖也沒有給你奇蹟，這是你做夢也想不到的，這本身難道不也算是一個奇蹟嗎？其實你大可不必期待什麼奇蹟出現，因為除了你自己以外，世界上根本沒有其他的什麼可以稱為『奇蹟』。與其求佛祖給你奇蹟，不如自己給自己奇蹟。」

## 有心就有福

求人不如求己，因為世上本沒有什麼奇蹟，一切都要靠自己。在人生追求的過程當中，我們應該保持知足的心態，自己努力創造奇蹟，才是真的奇蹟。

# 第四章 從改變自己開始——

## 參透理想

放棄了理想，你就是個碌碌無為、平庸的人，也許一生不會懂得成功的喜悅。

# 安逸的生活就是地獄

一個小和尚整天念經念煩了。

這天夜裡，他做了一個奇怪的夢：

他夢見自己正走往閻羅殿的路上，遇見一座金碧輝煌的宮殿，宮殿的主人請求他留下來居住。

小和尚說：「我天天忙於念經和學習佛法，現在只想吃，想睡，我討厭看書。」

宮殿主人答道：「若是這樣，那麼世界上再也沒有比這裡更適合你居住的了。我這裡有豐富的食物，你想吃什麼就吃什麼，不會有人來打擾你。而且，我保證沒有經書給你看，也沒有任何佛法要你領悟。」

於是，小和尚高高興興的住了下來。

剛開始的一段日子裡，小和尚吃了睡，睡了吃，感到非常快樂。漸漸的，他覺得有點寂寞和空虛，於是就去見宮殿主人，抱怨道：「這種每天吃吃睡睡的日子過久了也沒有意思，我對這種生活已經提不起一點興趣了。你能否給我找來幾本經書，給我講幾個佛祖的故事？」

宮殿的主人答道：「對不起，我們這裡從來就不曾有過這樣的事。」

又過了幾個月，小和尚實在忍不住了，又去見宮殿的主人：「這種日子我實在受不了了，如果你不給我經書，我聽不到佛法，我寧願去下地獄，也不要再住在這裡了。」

宮殿的主人輕蔑的笑了：「你認為這裡是天堂嗎？這裡本來就是地獄啊！」

## 有心就有福

我們常常工作一段時間，就會產生厭倦心，希望能有安逸的生活。但卻不知道看似輕鬆舒坦的日子，其實最是無聊的事情。因為這些安逸的念頭會使人沒了進取的動力。我們只要以正確的觀念對待自己的工作，懂得平衡生活，慢慢調整自己的內心，把工作學習當作一種消遣，就不會再產生厭倦或累的心情。

安逸的生活就是一種地獄，它雖然沒有刀山可上，沒有火海可蹈，沒有油鍋可赴，可它能漸漸的使你的理想毀滅，令你精神頹廢，因此這與地獄沒有兩樣。

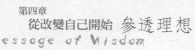

# 不要讓機會從身邊溜走

有個老和尚，生活在一個山谷裡。四十年來，他照管著附近所有的人，並且免費治療病人，還接濟貧困者，是一個典範的聖人。

有一天，天下起雨來，傾盆大雨連續不斷的下了幾天，水位高漲，迫使老和尚爬上小廟的屋頂。正當他在那裡渾身顫抖時，突然，有個人划船過來對他說到，師傅，快上來，我把你帶到高地。

老和尚看了看他，回答到：「四十年來我一直按照菩薩的法旨做事，遵守戒律，苦讀經書，辛勤勞動，我真誠的相信菩薩，因為我是菩薩的弟子，因此，你可以駕船離開。我將留在這裡，菩薩會來救我的。」

那人只好划著船離去了，兩天之後，水位漲得更高，老和尚緊緊的抱著小廟的屋頂，水在他的周圍都形成了漩渦。這時，一架直升機來了，飛行員對他喊道：「師傅，快點，我放下吊架，你把吊帶戴在身上按好，我們將把你帶到安全地帶。」

對此，老和尚回答到：「不，不。」他又一次講述了他一生的工作和他對菩薩的信仰。這樣，直升機也離去了。幾個小時之後，老和尚被水沖走，淹死了。

在他靈魂升入天堂的途中，他突然間遇見了菩薩，他埋怨道：「四十年來我遵照你的旨意做事，有過之而無不及，而當我遇見危險的時候，你卻不來救我，讓我淹死了。」

菩薩望著他，遺憾的說：「為了搭救你，我專門派去了一條船，和一架直升機，可是你自己卻放棄了求生的機會。」

## 有心就有福

生活中有很多機會，但很多時候被我們眼睜睜的放棄了，甚至可以說就在我們眼皮底下溜走了。所以，我們要做的就是抓住人生中的每一個機會。

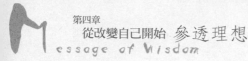

# 還覺得重嗎

鏡虛禪師，帶著出家不久的弟子滿空出外雲水行腳，滿空一路上嘀咕著，嫌背的行囊太重，不時的要求師父找個地方休息，鏡虛禪師都不肯答應，永遠都是那麼精神飽滿的向前走去。

有一日，經過一座村莊，一個婦女從家中走出，在前面走的師父忽然握住那位婦女的雙手，那位婦女尖叫了起來。婦女的家人和鄰居，聞聲出來一看，以為和尚輕薄婦女，齊聲喊打。

身材高大的鏡虛禪師掉頭不顧一切的奔逃。徒弟滿空，背著行囊也跟在師父的後面飛跑。

經過很久，跑過幾條山路，直到村人無法追上這師徒二人。

在一條靜寂的山路邊，師父停下來，回頭，非常關心的問徒弟道：「還覺得重嗎？」

「師父！很奇怪，剛才奔跑的時候，一點都不覺得行囊很重！」

## 有心就有福

面對前途目標，若沒有堅毅不拔的信心，嫌遠、嫌難、嫌重是必然的，但是如果對前程有信心、有眼光、有擔當，就會感覺不遠、不難了。

# 人的命運是行動的結果

有一個人在社會上總是落魄，不得志，於是就有人向他推薦去找禪師尋求解脫的妙策。他找到禪師。禪師沉思良久，默然舀起一瓢水，問：「這水是什麼形狀？」這人搖頭：「水哪有什麼形狀？」禪師不答，只是把水倒入杯子，這人恍然大悟似的說：「我知道了，水的形狀像杯子。」禪師沒有回答，又把杯子中的水倒入旁邊的花瓶，這人又說：「我又知道了，水的形狀像花瓶。」禪師搖頭，輕輕提起花瓶，把水輕輕倒入一個盛滿沙土的盆子。清清的水便一下溶入沙土，不見了。

這人陷入了沉思。

禪師俯身抓起一把沙土，感歎道：「你看，水就這麼消逝了，這也是一生！」

這個人對禪師的話咀嚼良久，高興的說：「我知道了，您是透過水告訴我，社會處處像一個個規則的容器，人應該像水一樣，盛進什麼容器就是什麼形狀。而且，人還極可能在一個規則的容器中消逝，就像這水一樣，消逝得無影無蹤，而且一切無法改變！」這人說完，就緊盯著禪師的眼睛，他急於得到禪師的肯定。

「是這樣。」禪師拈須，轉而又說，「是這樣又不是這樣！」說完，禪師出門，這人隨後。在屋簷下，禪師蹲下身，用手在青石板的臺階上摸了一會兒，然後頓住。這人把手指伸向剛才禪師手指所觸之地，他感到有一個凹處。他感到迷惑，他不知道這本來平整的石階上的「小窩」藏著什麼玄機。

禪師說：「一到雨天，雨水就會從屋簷落下，你看，這個凹處就是水滴落下長期打擊石板造成的結果。」

此人大悟：「我明白了，人可能被裝入規則的容器，但又像這小小的水滴，改變著堅硬的青石板，直到破壞容器。」

禪師說：「對，這個窩會變成一個洞！」

這個人答：「那麼，我找到答案了！」

## 有心就有福

生存處世是一件大事情，要想在如今的花花世界中好好的生存下去，就要善於改變自己。而改變自己，首先要在觀念上進行改變。人本身就是自己觀念下的產物，有什麼樣的觀念就會有什麼樣的命運。其次，改變自己要付諸行動。行動才能造就人，人的命運就是行動的結果。觀念只有付諸行動，最終才能成為現實。

# 要熱愛生活

一恒法師講過，世上有兩種人。一種是生來就對一切都提不起勁的，他們活著就是為了過日子，至於為什麼要過日子，他們是不去理解，不去追究的。另一種人是對一些事情很認真、很希望自己的生命不要被浪費的人。然而，他們之中卻只有一部分人能夠認真的去完成自己的理想，而另一部分人卻始終拿不出力量來。為什麼他們會這樣呢？原因在哪裡？

一恒大師說，有些人比較堅強。他們自己可以很輕易的就把自己燃燒起來，發出光和熱。而另一些人卻不然，他們自己是燃料，有發出光和熱的可能性，但是，他們自己不是火種。他們只是木柴或煤塊，需要有火柴或打火機把他們點燃，然後，他們才可以發熱、發光，而至燃燒，才能使他們產生力量。絕大多數的人都需要火種，去把自己引燃，而自己缺少了使自己燃燒的力。

於是，這「火種」就成為一些人成功的必需條件。找得到火種，他才可以燃燒；找不到火種，他就永遠只是一堆冷硬的木柴或煤塊。這些，都可能在適當的時機，引發一個人對學問或事業的熱情與衝力，使他由靜態的等待，變為動態的鑽研與追求；只需給他一種勇往直前的力量，就能使他多年的準備，在一夕之間，完全成為事實。

這「火種」可能自行的出現，但大多數時間，需要我們自己去尋找。

## 有心就有福

哲學家黑格爾說：「沒有激情，世界上任何偉大的事業都不會成功。」充滿激情的人，對任何一件小事都力求做到最好，對再平淡的生活也要用十分的認真來對待。事實上，只有充滿熱情的對待每一個挑戰、每一次努力，才能實現人生的卓越和完美，所以要對生活充滿熱情。

# 保持一顆向上的心

慧能大師帶領幾個徒弟乘船雲遊的時候，不幸遇上了大風暴。一名弟子受命爬上高處去調整風帆以使它適應風向。他在向下爬的時候，犯了一個錯誤——低頭向下看，這樣顛簸不定的帆船和波濤洶湧的波浪使他非常恐懼，他開始失去了平衡。

就在這時，慧能大師在下面向他大喊：「向上看！徒弟，向上看！」這個年輕的弟子按照師父說的話做了以後又重新獲得了平衡。

事後，慧能大師告誡弟子們：「當情況看起來似乎很糟糕的時候，你應該看看你的姿態是否朝錯了方向。當你朝著太陽的時候，你不會看見陰影；向後看只會使你喪失信心，向前看才會使你充滿自信。當前景不太光明的時候，試著向上看——那兒總是好的，你一定會獲得成功。

大多數人在做決定時都只考慮眼前而不考慮未來，結果快樂沒得到卻得到痛苦。事實上，若想讓人世間一切有意義的事成功，有時必須忍受一時的痛苦，熬過眼前的恐怖和引誘，按照自己的目標把目光放在未來。因為本來任何事都不會使我們痛苦，而真正使我們痛苦的是對於痛苦的恐懼。」

## 有心就有福

當我們在人生之路上行走的時候，為了不迷失方向，我們需要偶爾抬起頭，看看自己的方向，看看前面的陽光，哪怕前面一片迷霧，我們依然可以找到自己的方向，找到屬於自己的太陽。想要活得長久幸福和掌握未來，那麼你必須要把眼光放得更加長遠。

# 當一天和尚撞一天鐘

一天，一位禪師被陣陣悠揚的鐘聲所吸引。

之後，他讓人叫來敲鐘的人，那是一個新來沒幾天的和尚。禪師問：「今天早晨你敲鐘時，是什麼心情？」

「沒有什麼特別的心情呀！」和尚答道，「只是為了當一天和尚敲一天鐘。」

「我看不是這樣的，敲鐘時你一定在想著什麼。不然怎麼能有這麼高貴響亮的鐘聲？只有真心向佛的人才能敲出這樣的聲音。」

小和尚考慮片刻，答道：「我真的沒想什麼，我上學時的老師曾告訴我，做任何事情都要用心，打鐘只想到鐘，因為鐘即是佛，只有敬鐘如佛才配去敲鐘。」

「敲鐘是這樣的，做任何事也要這樣。你的前途將無可限量。」

這位小和尚牢記禪師的教誨，事事恭謹，保持敲鐘的心態，終於大徹大悟，後來也成了著名的禪師。

## 有心就有福

這裡「當一天和尚敲一天鐘」指的是一種良好的心態。當和尚敲好鐘，應該將鐘聲敲出應有的味道來，人生既要積極進取，也要順其自然！所以我們還是專心致志的做好每一件事，做好當前的事吧！

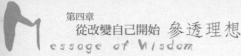

# 人人都是佛祖

陽慧忠國師感念侍者為他服務了三十年，想有所報答他，助他開悟，一天呼喚道：「侍者！」

侍者一聽國師叫他，立刻回答他道：「國師！做什麼？」

國師無可奈何的道：「不做什麼！」

過了一會兒，國師又叫道：「侍者！」

侍者立刻回答道：「國師！做什麼？」

國師又無可奈何的道：「不做什麼！」

如是多次，國師對侍者改口叫道：「佛祖！佛祖！」

侍者茫然不解的反問道：「國師！您叫誰呀？」

國師不得已，就明白的開示道：「我在叫你！」

侍者不明所以道：「國師！我是侍者，不是佛祖呀！」

慧忠國師此時只有對侍者慨歎道：「你將來可不要怪我辜負你，其實是你辜負我啊！」

侍者仍強辯道：「國師！不管如何，我都不會辜負你，你也不會辜負我呀！」

慧忠國師道：「事實上，你已經辜負我了。」

## 有心就有福

且不論慧忠國師與侍者誰負了誰，侍者只承認自己是侍者，不敢承擔佛祖的稱謂，這是非常遺憾的事。

人人都是佛祖，關鍵是自己要有一顆佛祖的心。如果連自己都不敢想，不敢把自己定位在佛祖的夢想上，那麼誰又能超越自己呢？有智慧的人，會不斷的自強不息，自我超越，而那些庸人只能甘心做侍者。

# 你想成為什麼樣的人

釋迦牟尼在一次法會上說：「某地有個富商共討了四個老婆：第一個老婆伶俐可愛，整天作陪，寸步不離；第二個老婆是搶來的，是個大美人；第三個老婆，整天著手生活瑣事，讓他過著安定的生活；第四個老婆工作勤奮，東奔西忙，使丈夫根本忘記了她的存在。

有一次，商人要出遠門，為免除長途旅行的寂寞，他決定在四個老婆中選一個陪伴自己旅行。

商人把自己的想法告訴了四個老婆，第一個老婆說：『你自己去吧，我才不陪你！』

第二個老婆說：『我是被你搶來的，本來就不是心甘情願的當你的老婆，我才不去呢！』

第三個老婆說：『儘管我是你的老婆，可我不願受風餐露宿之苦，我最多送你到城郊！』

第四個老婆說：『既然我是你的老婆，無論你到哪裡我都跟著你。』

於是商人帶著第四個老婆開始了旅行！」

最後，釋迦牟尼說：「各位，這個商人是誰呢？就是你們自己。」

在這則故事裡，第一個老婆是指肉體，死後還是要與自己分開的；第二個老婆是指財產，它生不帶來，死不帶去；第三個老婆是指自己的妻子，活時兩個相依為命，死後還是要分道揚鑣；第四個老婆是指自身，人們時常忘記它的存在，但它卻永遠陪伴著自己。

## 有心就有福

人的肉體所擁有的金錢以及親情關係，都是人們所需要精心維護的，也是最終將與人分離的。只有天性才會永遠與你相隨，伴你左右。

因此無論何時何地，是貧窮還是富貴，我們都應當維護好自己的天性，永遠記得：我是誰，我想成為怎樣的人。

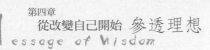

# 凡事要量力而行

很久以前，有一位修行很深的高僧隱居在山林中。

但是，由於他的人品很高，人們還是千里迢迢來尋找他，想跟他學些生活方面的竅門。

有一次，當人們到達深山的時候，發現高僧正從山谷裡挑水。人們注意到，他挑得不多，兩隻木桶裡的水都沒有裝滿。

按他們的想像，高僧應該能夠挑起很大的桶，而且挑得滿滿的。可是高僧為什麼不把桶挑滿呢？

他們不解的問：「高僧，這是什麼道理？」

高僧說：「挑水之道並不在於挑多，而在於挑得夠用。一味貪多，會適得其反。」

眾人越發的不解了。

於是，高僧讓他們中的一個人，重新從山谷裡打了滿滿的兩桶水。

那人挑得非常吃力，搖搖晃晃，沒走幾步，就跌倒在地，水全都灑光了，那人的膝蓋也摔破了。

看到這種情景，高僧說：「水灑了，不是還得再打一桶嗎？膝蓋破了，走路艱難，豈不是比剛才挑得還少嗎？」

眾人問道：「那麼請問高僧，實際上該挑多少，怎麼估計呢？」

高僧笑道：「你們看這個桶。」

眾人看去，桶裡畫了一條線。

高僧說：「這條線是底線，水絕對不能高於這條線，高於這條線就意味著超過了自己的能力和需要。起初還需要畫一條線，挑的次數多了以後，就不用看那條線了，憑感覺就知道是多是少。有了這條線，就可以提醒我們，凡事要盡力而為，也要量力而行。」

眾人又問：「那麼底線應該定多少呢？」

高僧說：「一般來說，越低越好，因為低的目標容易實現，人的勇氣只要不容易受到挫傷，就會培養起更大的興趣和熱情。長此以往，循序漸進，自然會挑得更多、挑得更穩。」

眾人若有所悟。

## 有心就有福

做事就是這樣的道理，循序漸進，逐步實現目標，就能避免許多無謂的挫折。如果沒將底線評估好，一味求多，很可能就會適得其反。

## 心志專一，事有所成

年輕時的慧遠禪師喜歡四處雲遊。有一次，他遇到了一位極愛抽煙的行人。兩人走了很長一段山路，然後坐在河邊休息。那位行人給了慧遠禪師一袋煙，慧遠禪師高興的接受了行人的饋贈，然後他們就坐在那裡談話。由於談得投機，那人便送給慧遠禪師一根煙管和一些煙草。

與那人分開以後，慧遠禪師心想，這個東西會讓人感到很舒服，肯定會打擾我禪定，時間長了一定會惡習難改，還是趁早戒掉的好。於是，就把煙管和煙草全部都扔掉了。

又過了幾年，慧遠禪師迷上了《易經》。那時候正是冬天，天寒地凍。於是，慧遠禪師寫信給自己的老師，向老師索要過冬的寒衣。信寫完後，他托人騎快馬送到老師那裡。

但是，信已寄出去很長的時間了，當冬天已經過去，山上的雪都開始融化時，老師還沒有寄衣服來，也沒有任何的音信。於是，慧遠禪師用《易經》為自己占卜了一卦，結果算出那封信並沒有送到。

他心想：「易經占卜固然準確，但我如果沉迷此道，又怎麼能夠全心全意的參禪呢？」從此以後，他再也不接觸易經之術。

過了不久，慧遠禪師又迷上了書法，每天鑽研，居然小有成就。當時有幾個書法家也對他的書法讚不絕口。這時，他轉念想到：「我又偏離了自己的正道，再這樣下去，我就很有可能成為書法家，而成不了禪師了。」

從此，他一心參悟，放棄了一切與禪無關的東西，終於成了禪宗高僧。

## 有心就有福

樹立了要達成的理想，就要全心全意的付出。如果發現自己的所作所為偏離了目標，就要及時返回。否則，當你越走越遠時，再想回頭，可能已經來不及了。

# 心存堅定的意念，不動搖

有一個老和尚帶著小沙彌出門，無論是行走在廣闊無邊的叢林還是翻山越嶺，老和尚都逍遙自在的走在前面，小沙彌背著行李緊跟在後。一路上兩人相互照應，彼此為伴。

小沙彌走著走著，心想，我難得人身，但在短短幾十年的生命裡必須經歷生老病死、受六道輪迴之磨煉，真是苦啊！不過，既然要修行，就要立志當菩薩救度眾生。因此我不能懈怠，要趕快精進才行。

想到這裡，走在前面的老和尚突然停下腳步，面露笑容的回頭對他說：「來，行李讓我來背，你走在我前面。」小沙彌雖然感到莫名其妙，但還是按照老和尚的指示，放下行李走在前面。

走著走著，小沙彌覺得這樣真是逍遙自在啊！而佛經裡說，菩薩必須順應眾生的需要而行各種佈施，這真是太辛苦了。

況且天下眾生苦難多，到什麼時候才能救得完呢？不如獨善其身，過這種逍遙自在的日子。

這念頭一起，就聽到老和尚很嚴厲的對他說：「你停下來！」

小沙彌趕快回頭，看到老和尚嚴肅的面容，嚇了一跳！老和尚將行李拿給他說：「把行李背好，跟在我後面走！」

小沙彌想：做人真苦！剛才自己還那麼開心，才一轉眼就變得很難過，人的心念真是不穩定啊！凡夫之心很容易動搖，還是修菩薩行好，起碼我可以面對苦難眾生，跟很多人結好緣，做一些我做得到的本分事。

這時，老和尚又面帶笑容的回頭招呼他，並將行李拿去自己背，請小沙彌走在前面。

就這樣，小沙彌反復的發心、退心，直到第三次再起退心時，老和尚仍然用很嚴厲的態度來對待他。

小沙彌終於忍不住心中的疑惑，問道：「師父，您今天為什麼一下子要我走前面，一下子又要我走後面，這到底是怎麼一回事呢？」

老和尚歎了口氣說：「你雖然有心修行，但是道心不堅固。感動時就發大願，卻又很快退失道心。這樣進進退退，要到什麼時候才能有成就呢？」

聽了老和尚的話，小沙彌感到很後悔。

後來，當他又生起菩薩心時，老和尚要他走在前面，他就不敢了。他說：「師父，這次我是發自內心的要以萬丈高樓平地起的大心大願為道基，一步一步向前精進。」老和尚聽了很高興，對小沙彌也起了讚歎、尊重之心。一路上，兩人有說有笑的並肩走著。

## 有心就有福

每個人做事有了目標還不夠，還要堅定的按目標的方向走。有堅定的心，才能成事。若信念動搖，就將大事難成。

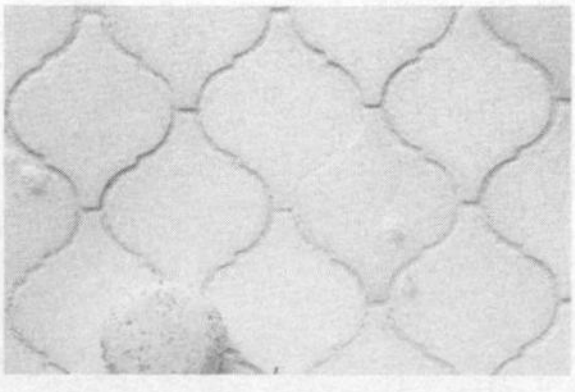

# 刮金救人

一個衣衫襤褸的乞丐到榮西禪師面前，向他哭訴：「我們家已經好幾天揭不開鍋了，上有老人需要供奉，下有孩童需要照顧，一家人眼看就要餓死了。師父慈悲，救救我們吧，我們一家人將永遠記得師父的恩德……」

榮西禪師面露難色，雖然他想救這家人，可是連年大旱，寺裡也是吃了上頓沒下頓，讓他如何救這可憐的窮苦人呢？榮西禪師一時束手無策。

突然，他看到了身旁鍍了金的佛像。思索片刻後，他便毫不猶豫的攀到佛像上，用刀將佛像上的金子刮下來，用布包好，然後交給乞丐，說道：「這些金子，你拿去賣掉，換些食物救你的家人吧！」

那個乞丐看到禪師這樣，於心不忍的說道：「我怎麼能夠收這樣的錢。這是罪過呀，逼得禪師如此為難，更是讓人於心何安！」

榮西禪師的弟子也忍不住說：「佛祖身上的金子就是佛祖的衣服，師父怎可拿去送人！這是冒犯佛祖嗎？不是對佛祖的大不敬嗎？」

榮西禪師義正辭嚴的回答：「你說得對，可是我佛慈悲，祂都肯用自己身上的肉來佈施眾生，更何況只是祂身上的衣服呢！這正是我佛的心願啊！這家人眼看就要餓死了，即使把整個佛身都給了他，也是符合佛的願望的。如果我這樣做要入地獄的話，只要能夠拯救眾生，那我赴湯蹈火也在所不辭！」

## 有心就有福

做善事、有慈悲心不是嘴上說說就可以的，而應該付諸於行動。信念應該展現在行動上，而不必拘泥在表面形式上。如果只是流於形式的表現出對某種信念的堅持而忽略了信念的本質，那麼，對於這種信念的堅持也無非是種虛偽的表現。

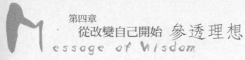

# 婆羅門與蓮花

據《大正藏》第三卷中的記載，有這樣一個故事：很久以前，有一個婆羅門，他的妻子名叫蓮花，不僅人長得美麗，性格也很溫順，心地善良。可是，這個婆羅門就是不喜歡自己的妻子，反而與家中的一個使女勾搭上了。兩個人如膠似漆，就嫌蓮花礙眼，千方百計想把蓮花趕出家門。

有一天，婆羅門花言巧語的騙蓮花，說要一起到山上遊玩。蓮花信以為真，便跟隨著來到山上。他們看到一棵優曇缽樹，上面結著大大小小的優曇缽果，散發著誘人的香氣。

波羅門便爬到樹上，摘下成熟的果子，大口大口的吃起來，一面把幾粒半生不熟的酸果子，扔給蓮花。蓮花說：「您怎麼自己吃熟的，扔青澀的給我呢？」

婆羅門說：「妳自己難道沒長手，沒長腳？要吃熟的，妳就爬上去摘啊！」

蓮花聽丈夫這麼說，便說：「既然您不肯為我摘熟果，我只好依照您的吩咐，自己上去摘了。」說著就爬上了樹。

婆羅門見蓮花爬上樹，覺得機會來了，連忙溜下樹，找來一大堆荊棘野刺，堆在優曇缽樹的根部。

蓮花著急的問：「您在幹什麼呀？這樣我怎麼能下去呢？」

婆羅門卻一聲不吭，眼看著野刺荊棘已把大樹圍得無路可走了，婆羅門才揚長而去，心中暗暗得意：「這下子，可把她困死在樹上，總算把這個眼中釘拔掉了！」

蓮花被困在樹上，眼睜睜的看著丈夫走遠了。她沒有想到，丈夫會這麼狠毒的對自己，這時喊天天不應、叫地地不靈，不由得失聲痛哭起來。

這時突然聽到遠處人喊馬嘶，越來越近了。原來是國王帶著大臣、武士出來打獵，經過這裡。

國王看見一個婦女在樹上大聲痛哭，樹下圍著許多荊棘，覺得非常奇怪，便讓手下把荊棘搬開，把婦女扶下樹來。

國王問道：「妳是誰啊？從哪裡來？為什麼爬到樹上哭？是誰把荊棘堆在樹下不讓妳下來的？」蓮花哭著把丈夫怎麼與使女勾搭因此拋棄自己的事，一五一十的說了一遍。

「有這樣狠心的人，竟然把天仙一般的美女扔在荒效野外，還想置她於死地！」於是他把蓮花帶回王宮。

回到王宮後，國王發現蓮花十分聰明，口才好、見識又高，遇事分析得頭頭是道。不僅如此，她還特別精通各種賭博遊戲，王宮內外的婦女來找她賭博，沒有一個不輸給她的。國王對蓮花由憐生愛，把她立為王后。

蓮花的名聲越來越大，四方的能人都來找她賭博爭勝。

再說婆羅門得意洋洋的回到家後，便與使女花天酒地地胡混。他家本有蓮花主持，家務井井有條，現在他們兩人每天好吃懶做，日益入不敷出，漸漸的缺衣少食起來。

這時，婆羅門聽說王后迷於賭博，常與人賭博爭彩，不禁喜出望外，因為他的賭博技術也是很高明的。他想：這下我可以去撈一筆錢了。於是把家裡的田產、房屋都賣掉，湊足賭本，匆匆來到王宮，要求與王后賭博。

等到王后一出來，他不由得大吃一驚，原來王后就是當年被他拋棄的蓮花。他知道蓮花的賭博技術比自己還高明，這怎麼辦呢？想退回去已不行了，只好硬著頭皮坐下來。

婆羅門眼珠一轉，計上心頭，心想：我們好歹曾是夫妻，只要她念舊日恩情，就會手下留情，讓我贏的。便說：「好久不見，您真是越來越漂亮了！您的頭髮柔軟光亮，您的眉毛像圖畫上的美女的一樣，真是天仙也比不上您。您一定還記得，我們在一起的那些幸福的日子吧！」

蓮花說：「是啊！我忘不了你怎樣曲意奉承家裡的使女，而把我拋在荒效野外。」

婆羅門連忙說：「牙齒與舌頭也有碰磕的時候，過去的事我真是後悔莫及，希望您不要再想那些事了，要想想我們在一起時的幸福時光。」

蓮花說：「我永遠忘不了那棵果樹與你扔給我的酸果子。不必多說，開始吧！」

婆羅門無奈，只好開始賭博，可是他哪裡是蓮花的對手？不一會兒就輸得精光，只好空著兩隻手，搖著腦袋走了。

## 有心就有福

自己所種的惡果，終究要由自己來嘗。我們每時每刻都應該用善意來對待他人，那樣才能夠最終獲得他人的善意。

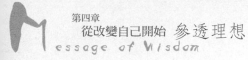

# 被青草捆住的和尚

那是釋尊在舍衛國祇園精舍傳法的時候。一天，許多化緣歸來的和尚行走在荒野上，一群強盜看見了他們，立刻前來搶劫。

和尚們被扒光了衣服，強盜頭目還不肯甘休，下令說：「這些和尚到了村裡難免會胡說八道。你們快點下手，把他們全部除掉。」

強盜中有一人曾出過家，他瞭解佛法，提議說：「首領，沒有必要動手殺他們。這些和尚是非常慈悲的，只要用青草把他們捆住就可以了。為了不傷害青草，他們不會動彈，當然也就不會逃走了，還怕他們胡說八道嗎？」

強盜頭目一聽有道理，便採納了這人的建議。強盜們把所有的和尚都用青草捆起來，棄之而去。

被青草捆住的和尚，為了守戒，都不肯掙斷青草。他們的衣服被剝得精光，一大早就被日光暴曬，又遭到蚊子、牛虻、蒼蠅和跳蚤的叮咬，好不容易才挨到太陽西下，附近一片黑暗，夜出的禽獸在四周走動，野狐怪叫，貓頭鷹哭泣，荒郊野外頓時變得如地獄一般恐怖，令人不寒而慄。

許多年輕的僧人心中慌亂，怨言四起。一位老和尚見此情境，開口說道：「人生短促，比流水還快。即使天上的殿堂，也有崩塌的時候，何況人的生命，更是無常了。大家不必歎息這種無常的生命，要明白持戒的重要，不要掙斷青草，更不要以為這樣子白白死去，想再度出生為人很難，就覺得很遺憾。其實，我們現在能懂得佛的教義，遵守戒律，這才是最珍貴的。」

為了持守戒律，這些和尚既不能伸直被捆緊的身體，也無法挪動位置。這時，老和尚繼續說道：「我們的修行，跟現在的狀況一樣，即使遇到了磨難，也要忍耐，甚至要以我們的生命，奉獻給高尚的佛法。縱使現在我們能站起身子來，也無處可去，唯有堅守戒律，死而後已。」

年輕的僧眾，聽了老和尚的說法，紛紛端正身體，不動不搖，靜靜的坐在黑暗的荒野中。

第二天黎明，國王帶著大隊人馬出來打獵，經過這裡，看見這群和尚，心中疑惑，就命令身邊的隨從下馬查看。臣子遵照國王的命令前去查看，很快回報國王說：「他們全都赤裸裸的，自覺羞愧，都垂下了頭，不肯說話。但經我仔細查看，發現他們右肩的皮膚黝黑，應該是群僧人，這是因為僧人們穿著袈裟所致的。他們一定是碰到強盜，被剝去了衣服。」

國王聽見臣子的報告，心中仍然在想：「手上捆著青草，要掙脫根本就不需費吹灰之力，然而他們卻像祭祀的羔羊一樣，一動也不動，這是為了什麼？」

國王親自下馬，來到僧眾之間問道：「你們身體壯健無病，為何被草捆得無法動彈？是被咒術迷住，還是為了苦行？」

僧眾回答說：「纖細的青草非常脆弱，不難掙斷。但我們是被金剛戒所捆，才無心去掙斷它。掙斷草木無異殺生。我們遵照佛法的戒律，才不會掙斷它。」

國王聽見僧眾的回答，十分歡喜，親自為他們解開青草，讚歎道：「好一群和尚，為遵守戒律，寧可捨棄自己的生命。我也要皈依偉大的釋尊，皈依無上的佛法，皈依守戒的僧人。只有皈依才能離開苦惱。」

## 有心就有福

戒律看不見摸不著，脆弱得如同捆著的青草，掙脫它們是很容易的事情，但是僧人就是不為。現實生活中，由於法律和各種規章存在著局限性，因此應該努力提高自己的思想道德素質，增強自律能力，實現由他律向自律的轉變，只有這樣才能減少錯誤，奉行良好的道德。

# 帝王與婦人的談話

佛陀過去曾因積存足夠的福德而投生在天界，成為天界的帝王。

他看到以前的朋友承受著婦人的身形，投生成富商的妻子，貪戀財寶和美色，根本沒想過世事無常的真理，而且她還坐在市場做買賣，想要博取世上的名聲。看到這種情形，天帝便化作一個客商，來拜訪那位婦人。

婦人照慣例招待顧客，請客商坐下來。客商認識婦人，微微帶有笑意，婦人覺察到了，心中頗為驚訝，但是客商並沒有輕薄的態度，只是覺得這笑在不說話之中，另外夾著更深的涵意。

婦人的旁邊站著一個小孩，手擊著小鼓，自己尋找樂趣，客商也認識這個小孩，依然微微笑著。

鄰居的父親生病了，想要殺牛祈福禱告，便牽了一頭牛過去，客商也認識那位牽牛的少年，也默默的微笑。沒多久又來了一個鄰居的婦人，手上抱著寵愛的兒子，那個兒子手裡玩弄著小刀，不小心劃破母親的臉頰，血流到脖子上，大家都嚇到了，只有客商還是微微笑著。

富商的妻子看到那位客商的舉止行為，越來越覺得詫異，便問客商說：「客人您坐在我面前，一直微笑，又看著我的兒子和那些鄰居不停的笑著，到底是什麼原因？」

客商回答：「妳是我的好友啊！妳怎麼忘了。」

婦人聽了很不高興，責怪客商輕薄無禮，客商便回答：

「玩弄小鼓的小孩本來是妳的父親，父親死了之後，因為前世的罪業，投胎成為一頭牛，而牛皮被用來製造鼓面。牛被宰殺之後，罪孽已經還清，又投生在人道中，剛好妳懷孕了，於是當了妳的兒子，前後相隔一世，做妳的父親又當了妳的兒子，已經不認識了。小孩手上的鼓，鼓面的牛皮就是那小孩以前身體的牛皮，小孩竟然還在敲打玩弄，忘記痛苦只顧著玩樂，被蒙蔽以至於看不清本來的情形。

就像鄰居那家人，因為父親身患病痛，竟然要殺牛去諂媚神明。牛終究會轉生為人，父親死後卻會變成牛，兩人對換了彼此的因緣，然後在裡頭尋找痛苦快樂，那些人這麼昏暗愚昧，愚笨的孝行反而牽累到父親。

又說那位鄰家婦人前世是他人的大老婆，那個玩刀子的小孩在前世是二老婆。大老婆兇悍善妒，常常虐待二老婆。大老婆死之後仍然做人家的妻子，但二老婆死後卻投生為大老婆的兒子，於是用刀割破她的臉頰，以報復前世的冤仇，鄰家婦人雖然受苦，但因為前世的業報，不敢心生怨恨。

唉！人間的事沒有恆常不變的，只有業報會永遠追隨一生，如影隨形。千萬不要心生愚笨的偏見，應馬上嚴謹持守五戒，精進勤修，盡力追求解脫。我今天回去，以後如果有緣再見，會再來妳家的。」說完客商便消失不見了。

婦人逐漸了悟，慢慢除去貪心，改變華麗而崇尚儉樸了。她誠心吃齋，潔淨志向，希望客人再來。

幾天後，天帝又來拜訪了，但他改變了之前的樣貌，讓自己變得醜陋而且穿著破爛的衣服。

他叮囑守門的人傳話：「我的朋友在裡頭，請幫我叫他來。」守門的人進去告訴婦人，婦人出來相認，卻馬上說：「你不是我的朋友啊？」

天帝微笑著說：「才隔了幾天，變化一下身形和服裝，妳就不認識了，更何況前世的事呢！」

於是重新叮囑說：「妳應當勤奮奉行佛的教化，收攝散亂的內心，扶正偏邪的念頭，依照佛教教義來修行。」說完便不見了。

婦人從此不再貪戀美色和財寶，專心修持佛法，依教奉行。

## 有心就有福

佛陀和婦人的談話讓我們瞭解：善有善報，惡有惡報。這是告訴我們在平時生活中積極行善，種得善果，做什麼事情都要考慮別人的利益和感受。只有這樣我們才能讓自己的內心光明。

# 每個人都有同樣的機會

一大早起來，寺院門口就吵鬧不休，明遠禪師前去詢問，瞭解到原來是一個屠夫想要進寺燒香拜佛，但是寺裡的僧人嫌他滿手血腥，不肯讓他進殿，於是雙方就在那裡發生了爭執。

明遠禪師看到了這個景象，立刻阻止了眾僧人。他問道：「你們為什麼在這裡吵鬧？」

旁邊的僧人說道：「這個屠夫每天殺豬宰牛，雙手沾滿了血腥與罪孽，怎麼能讓他玷污佛門的清淨呢？」旁邊的人也附和道：「是啊，每天晚上，他家裡就會傳來豬、狗、牛、羊的哀叫聲，聽得人心煩，讓人無法入睡，像他這樣的人怎麼可以到這裡來呢？」

明遠禪師說道：「你們這樣說就不對了。他身為屠夫，為了生計被迫屠宰生靈，一定於心不安，有很多罪需要懺悔。佛門為十方善人而開，也為度化十方惡人而開。」

聽了禪師的話，屠夫滿臉感激，來到禪師面前說：「方丈慈悲，我殺孽太重，於心不安，於是我想要請方丈和各位法師到我家裡去。我準備在家裡辦齋供養各位，以安慰我不安的心。我們全家齋戒沐浴三日，懇請各位光臨寒舍，助我完成這個心願。」

眾人聽了他的話，都紛紛搖頭不止。明遠禪師卻用微笑化解了他們臉上的不快。他說：「在佛面前，人人平等，每個人都有同樣的機會，只要與佛有緣，就會度他，佛門慈悲，不會捨棄任何人。」

## 有心就有福

在從善面前，每個人都有平等的機會，要以寬容之心來對人，哪怕他是戴罪之人。更何況他的過錯可能也是迫不得已，要給他改正的機會。

# 心中的佛光

有一個老和尚，在垂暮之年，想把自己的衣缽傳給一個弟子。可眾多弟子中有三人悟禪極深，老和尚一時難以擇誰為傳人。

在一個暮色蒼茫的傍晚，老和尚已料到自己壽命將至，該到他決定繼承人的時候了。

他叫來三個弟子，吩咐他們出去各買一樣東西，看誰買的東西既便宜又能塞滿禪房。

老和尚給了弟子們每人一枚銅錢後，有兩個弟子出去了，可是另外一個弟子卻端坐老和尚身邊打禪，沒有行動。

不久，有一個弟子回來了。他告訴老和尚，他已買來了幾車乾草，足可以填滿禪房了。老和尚聽後，搖頭蹙眉，非常失望。

接著，另一個弟子也回來了，只見他從袖手中取出一支蠟燭，然後把蠟燭點燃。老和尚見狀，口念「阿彌陀佛」，臉上露出了非常滿意的神色。

這時，老和尚把目光投向了他身旁的弟子。

只見那弟子起身，將銅錢還給了老和尚，雙手合十說：「師父，我買的東西就要來了！」說完他吹熄蠟燭，禪房一片黑暗，那弟子將手指向門外說：「師父請看，弟子買的東西已經來了——」師徒向門外望去，只見東邊天上，一輪滿月　那間從地平線上躍出，冉冉上升。金色的月光照進禪房，禪房裡灑滿光輝，一片通明。

老和尚驚訝得半晌無語。禪房裡一時寂靜異常。許久，老和尚才問打禪的弟子：「你何以想到此法？」

弟子雙掌合十卑恭的對師父說：「乾草固然能裝滿禪房，但卻使禪房不潔而黑暗，雖價廉而實平庸所為；蠟燭小如手指，不值一文，然燭光能充盈禪房，買燭者非上智而不能為也！」弟子沉吟片刻，神情肅穆，繼續道：「月光既出，玉宇澄清，月光可謂九天中最無價之物！月光為何物？月明則天明，天明則地明，天明地明則心明；然佛明四字，佛明我心，可見月光乃我佛也！今我不取一文得到我佛，只因我心中有佛光！」

老和尚聞言，脫下袈裟披在打禪的弟子身上：「你心中的佛光，乃上智中之至聰至慧者也！」

## 有心就有福

故事中的第三位弟子聰明的完成了禪師佈置的任務，我們是否也可以從中悟出一些道理來呢？正如同便宜的蠟燭就可以填滿整個房間一樣，人們的心靈也不是大量金錢就可以填充的，而是需要一片真情和一絲溫暖才能填滿。用一支蠟燭的光芒可以輕易的填滿整個房間；用一片真情、一絲溫暖也能夠填滿人們的心靈。

心中的佛光，誠如我們生活中的快樂、幸福，乃至一切的真、善、美。只有心中裝有快樂、幸福，生活才會像月光一樣毫無保留的普照，讓我們遠離煩惱、憂愁……

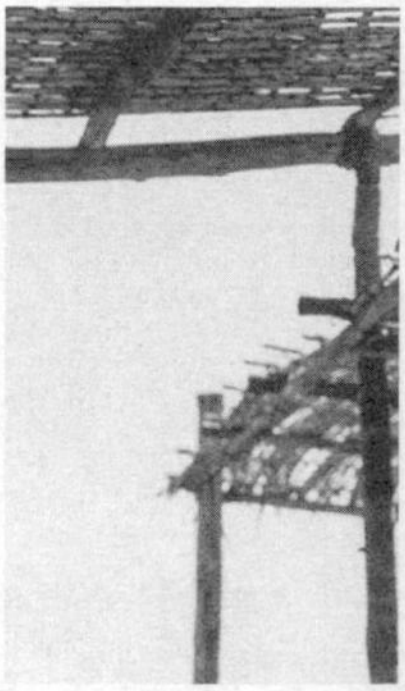

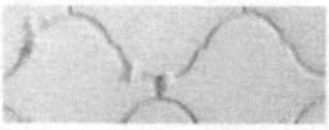

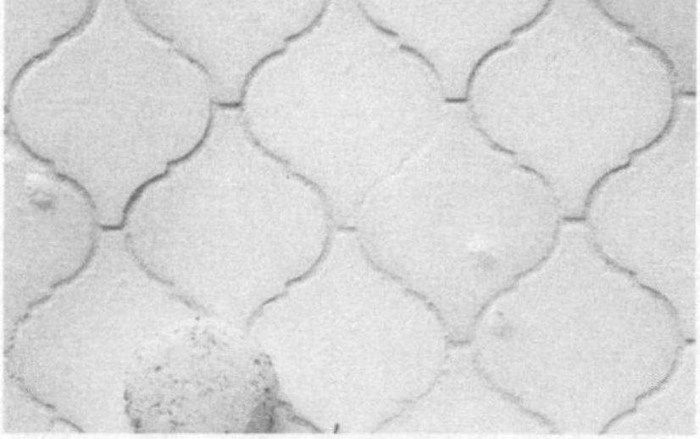

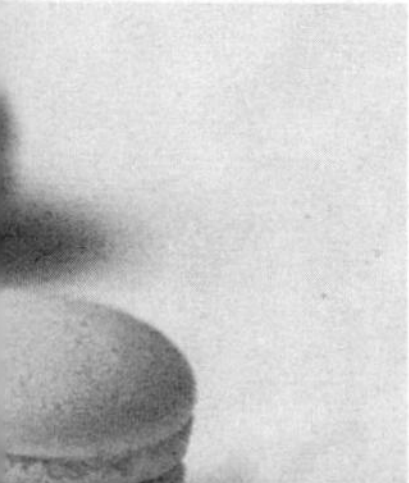

命運安排什麼，

我們就享受什麼

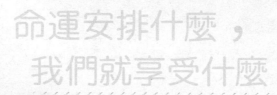

# 第五章 學著捨棄執著——洞悉世事

——生活當中的小事情難得糊塗，學會求大同，存小異。

# 生活就是修行

一天，有一位女士來找秀峰禪師，埋怨工作很辛苦，上司給壓力，下屬又不合作，她想不如去出家好了，以後不用再面對這些工作上的煩惱。

秀峰禪師對她說：「生活就是修行。可知現在對工作生厭就出家，如果對出家也生厭了，那又怎樣？」

她的反應是「哦！」地無言以對。

秀峰禪師開導她說：「妳要明白妳在公司的職責，如果對於生活妳都應付不了，去寺院妳就應付得了嗎？例如：寺院生活的清規或刻苦等。妳要明白為什麼公司要雇用妳，為什麼妳的上司要賞識妳？妳的職責就是為公司解決難題，所以要做好妳的職責，妳可以嘗試去瞭解上司的煩惱，如果妳明白，妳就懂得處理他現在面對的難題。妳覺得很難交給下屬去處理工作的情況也一樣，譬如妳做衣服，有什麼要求，妳要清楚的告訴對方。對方明白了，才可以按妳的要求去做。就像這樣妳要解釋給妳的下屬讓他們知道，要怎麼做和為什麼要這樣做，給他們方向，他們才明白應如何做。其實生活就是修行，做好工作，完成我們的職責也是一樣，如果我們馬馬虎虎，下次還可以接到新的訂單嗎？不要一味抱怨上司和下屬，只要做好我們的職責，這就是人世修行的不動心！」

## 有心就有福

任何時候都用這樣的心去做一切事情。這就是修行！把修行落實在日常生活當中，生活本身就是一種修行。生活和工作中感到不如意的時候，不要抱怨別人對我們不公平，首先要認真想一想：我們是否努力做好了自己的工作？是不是圓滿完成了人生的職責？因此認真的對待生活，把本職工作做好，這就是最重要的修行。

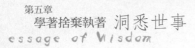

# 把握現在的幸福

一隻蜘蛛在一所寺廟裡結網安了家。由於長期受到佛經薰陶，慢慢的有了靈性。一次佛祖來到人間看到這隻蜘蛛就想要試探一下牠的佛性。就問「世上最珍貴的東西是什麼？」由於前段時間風吹來一顆露珠落在牠的網上，晶瑩剔透甚是可愛。但又一陣風過，露珠被吹走了。

蜘蛛悵然若失了很久，想到這兒……蜘蛛答：「得不到和已失去」佛祖笑著，說「再接著修煉吧！」。

又過了一千年，佛祖又問了同樣的問題並得到同樣的回答。佛祖便讓蜘蛛到人間去體驗一回。

來到人間，蜘蛛投胎成一個高官家的女兒，叫珠兒。一次去皇宮玩，喜歡上了風流瀟灑的甘露公子。而她不知自己也擄掠了另一個公子結草的心。珠兒一點都不擔心自己的未來，她知道這是佛祖安排的緣分，她一定會嫁給甘露公子。

可是最後甘露卻迎娶了長風公主。珠兒的精神備受打擊，茶飯不思臥病在床，此時結草來到珠兒榻前向她傾訴衷腸。珠兒精神恍惚，靈魂出竅，佛祖出現了說：

「妳做蜘蛛的時候一直貪戀那甘露的晶瑩可愛，殊不知，是風將牠帶來，牠必將隨風而去。但寺旁一株小草卻等了妳幾千年，看了妳幾千年，卻被妳忽視。現在妳明白世上最珍貴的東西是什麼了吧！」

珠兒恍然大悟，原來最珍貴的不是得不到也不是已失去，而是把握現在的手裡的幸福。當她意識恢復後，便和結草成就了一段姻緣。

## 有心就有福

世上總有這麼一類人，他們看不到身邊的幸福，總在期待本不屬於自己的緣分，結果與本屬於自己的緣分擦肩而過，留得一生遺憾。

何謂正道？把握現在的幸福即為正道。緣分天註定，修行在個人。當你的緣分來臨之際，不要再好高騖遠，珍惜身邊的人才能修得一生幸福。

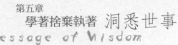

# 委婉的表達自己的觀點

山頂住著一位智者，他鬍子雪白，誰也說不清他有多大年紀。男女老少都非常尊敬他，不管誰遇到大事小情，他們都來找他，請求他提些忠告。

但智者總是笑眯眯的說：「我能提些什麼忠告呢？」

這天，又有年輕人來求他提忠告。智者仍然婉言謝絕，但年輕人苦纏不放。

智者無奈，他拿來兩塊窄窄的木條，兩撮釘子，一撮螺釘，一撮直釘。另外，他還拿來一個榔頭，一把鉗子，一個改錐。

他先用榔頭往木條上釘直釘，但是木條很硬，他費了很大勁也釘不進去，倒是把釘子砸彎了，不得不再換一根。一會兒功夫，好幾根釘子都被他砸彎了。

最後，他用鉗子夾住釘子，用榔頭使勁砸，釘子總算彎彎扭扭地進到木條裡面去了。但他也前功盡棄了，因為那根木條也裂成了兩半。

智者又拿起螺釘、改錐和榔頭，他把釘子往木板上輕輕一砸，然後拿起改錐轉了起來，沒費多大力氣，螺釘鑽進木條裡了，天衣無縫。

智者指著兩塊木板笑了笑：「忠言不必逆耳，良藥不必苦口，人們津津樂道的逆耳忠言、苦口良藥，其實都是蠢人的笨辦法。那麼硬碰硬有什麼好處呢？說的人生氣，聽的人上火，最後傷了和氣，好心變成了冷漠，友誼變成了仇恨。我活到這一大把年紀，只有一條經驗，那就是絕對不直接向任何人提忠告。當需要指出別人的錯誤的時候，我會像螺絲釘一樣婉轉地表達自己的意見和建議。」

## 有心就有福

不僅要會做，也要會說。我們在日常生活中即使是處理一件極普通的小事，但由於說話水準不同，所獲得的效果和回報也不大相同。只有學會委婉的表達自己的觀點和意見，與人相處起來才會融洽。

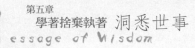

三更了，深遠禪師發現小徒弟還在練棍，便問：「徒兒，這麼晚了，你怎麼還不休息？」

小和尚答道：「師父，我想打敗師兄。」

深遠禪師說：「你師兄的悟性頗高，入門又比你早，他的武術境界你恐怕難於企及。」

小和尚說：「師父，我想，只要有恆心，勤練習，我一定能夠超過師兄的。」

深遠禪師搖了搖頭，給徒弟講了這樣一個故事：

一天，烏龜和兔子相遇於草原上，烏龜在誇大他的恆心，說兔子不能吃苦，只管跳躍尋樂，長此以往，將來必無好結果，兔子笑而不辯。

「多辯無益，」兔子說，「我們來賽跑，好不好？就請狐狸大哥來當裁判。」

「好。」烏龜不自量力的說。

於是烏龜動了身子，四隻腳作八隻腳跑了一刻鐘，只有三丈餘，兔子不耐煩了，而有點懊悔。

# 量力而行，心平氣和

「這樣跑法，豈不是要跑到黃昏嗎？我一天寶貴的光陰都浪費掉了。」於是，兔子利用這些時間，去吃野草，隨興所至，極其快樂。

龜卻在說：「我能吃苦，我有恆心，總會跑到的。」

到了午後，烏龜已精疲力竭了，走到陰涼之地，很想打盹一下，養養精神，但是一想晝寢是不道德的，又奮勉前進。

龜背既重又小，五尺以外的平地，便看不見。牠有點眼花繚亂了。這時的兔子，因為能隨興所至，越跑越有趣，越有趣就越有精神，不知不覺已經來到離路半里多的河邊樹下。看見風景清幽，也就順便打盹。醒後精神百倍，卻把賽跑之事完全丟在腦後。

在這正愁無事可做之時，兔子看見前面一隻松鼠跑過，誤以為是怪物，一定要去追上牠，看看牠尾巴到底有多大，可以回去告訴牠的母親。於是牠便開步跑，松鼠見牠追過來，便也開步跑。奔來跑去，忽然松鼠跳上一棵大樹。

兔子正在樹下翹首高望之時，忽然聽見背後有聲音叫道：「兔弟弟，你奪得冠軍了！」

兔子回頭一看，原來是裁判狐狸大哥，而那棵樹也就是他們賽跑的終點。那隻龜呢？因為他想吃苦，還在半里外慢慢而行。

講完了故事，深遠禪師說：「出家人首先要捨棄的是執著心，這不是讓你不思進取，虛度時光，而是讓你量力而行，保持心態的平和。」

## 有心就有福

當你學會捨棄執著，不再緊抓不放或全力抗拒時，你的生命就會開始流暢。放棄每一個瞬間的執著，心扉自然敞開。在放下執著中淨化心靈，在道德昇華中成就正果。

# 生活不是角力場

從前，有兩位很虔誠、很要好的教徒，決定一起到遙遠的聖山朝聖。兩人背上行囊、風塵僕僕的上路，誓言不達聖山朝拜，絕不返家。

兩位教徒走啊走，走了兩個多星期之後，遇見一位白髮年長的聖者。這聖者看到這兩位如此虔誠的教徒千里迢迢要前往聖山朝聖，就十分感動的告訴他們：「從這裡距聖山還有十天的腳程，但是很遺憾，我在這十字路口就要和你們分手了。而在分手前，我要送給你們一個禮物！而這份禮物就是你們當中一個先許願，他的願望一定會馬上實現，而第二個人，就可以得到那願望的兩倍！」

此時，其中一教徒心裡一想：「這太棒了，我已經知道我想要許什麼願了，但我不要先講，因為如果我先許願，我就吃虧了，他不就可以有雙倍的禮物！不行！」

而另外一教徒也自忖：「我怎麼可以先講，讓我的朋友獲得加倍的禮物呢？」

於是，兩位教徒就開始客氣起來，「你先講嘛！」「你比較年長，你先許願吧！」「不，應該你先許願！」

兩位教徒彼此推來推去，「客套的」推辭一翻後，兩人就開始不耐煩起來，氣氛也變了：「你幹嘛！你先講啊！」「為什麼我先講？我才不要呢！」

兩個人推到最後，其中一人生氣了，大聲說道：「喂，你真是個不識相、不知好歹的人，你再不許願的話，我就把你的狗腿打斷，把你掐死！」

另一人一聽，沒有想到他的朋友居然變臉，竟然恐嚇自己！於是想，你這麼無情無義，我也不必對你太有情有義！我沒辦法得到的東西，你也休想得到！於是，這一教徒乾脆把心一橫，狠心的說道：「好，我先許願！我希望——我的一隻眼睛——瞎掉！」很快的，這位教徒的一個眼睛馬上瞎掉，而與他同行的好朋友，也立刻兩個眼睛都瞎掉了！

原本，這是一件十分美好的禮物，可以使兩位好朋友互相共用，但是人的「貪念」與「嫉妒」左右了心中的情緒，所以使得「祝福」變成「詛罵」；使「好友」變成「仇敵」，更是讓原來可以「雙贏」的事，變成兩人瞎眼的「雙輸」！

## 有心就有福

在生活中，要有利人利己的思想，把生活看成是一個合作的舞臺，而不是角力場。儘量去透過合作追求雙贏，而不是勢不兩立的爭強鬥勝。

# 學會息事寧人

從前，在一個莊園主家，有一位做事很勤奮，生活很節儉，做事正直但有些愚蠢的婢女。在平時，她做完莊園主人吩咐的事後，還會主動為主人篩選或者晾曬麥子。而主人家還養了一隻非常機靈可愛的小羊，牠經常會在婢女不在時偷吃麥子。

時間長了，莊園主人發現倉庫裡的麥子經常會少掉一些。於是，在心底裡便對婢女的誠信開始產生懷疑。雖然沒有說出來，但是主人的臉上經常會流露出對婢女不滿的臉色。

婢女心裡感覺很委屈，因為她根本沒有偷麥子。經過一番思考之後，她決定先悄悄的躲起來察看，誓將偷麥賊給捉住。可是，後來婢女卻發現是小羊偷吃麥子，麥子才會變少的。

她心裡充滿了怒火。小羊吃掉了麥子，但主人卻懷疑是她在偷麥子。她感到異常委屈和憤怒，可是這又不能反駁主人。於是，她拿起一根長棍想把所有的怨恨發洩給那隻小羊，「啪」的一聲，棍子狠狠地落在了小羊身上。

正在偷吃麥子的小羊受到驚嚇，「咩」的一聲閃到了一旁。婢女不肯甘休，仍然揮舞長棍，用力追打。這時小羊被激怒了，牠也不示弱的用牠一對小角用力的撞在婢女的腰際。婢女見小羊反抗，更是怒不可遏，便用那長棍一個勁兒的猛打小羊。小羊也在痛叫聲中用小角撞向婢女，拼命的進行反抗。

因此，婢女和小羊之間結下了深深的怨恨。

一天，婢女拿著火摺子準備生火煮飯，路經後院羊欄。小羊見婢女手上沒有長棍，便立即衝向婢女，婢女沒有來得及反應就被撞倒了。她猛地翻了起來，急中生智，將手裡的火摺子擦在小羊身上，小羊身上的長毛一下子燒了起來。

小羊驚慌失措，慌忙逃竄，一邊跑一邊叫，一會兒跑進了廚房，一會兒又跑進了柴房，甚至還跑到倉庫去，所經之處都留下了火苗。那些火苗碰見乾柴、稻草、棚木、竹簍等都慢慢燒了起來，起火的地方愈來愈多，最後整個莊園都沉浸在一片火海之中。

## 有心就有福

我們在生活中要善於化解爭執，消除矛盾。不要以為一點誤會、一點矛盾沒什麼了不起，無休無止的怨恨、爭鬥，只會衍生出惡果。息事寧人，和平相處，用包容的心看待這個世界才是明智之舉。

## 被陷害的羅漢

舍衛城中，有一位很有名望的婆羅門教的大法師，他有位弟子名叫鴦掘摩，力大無窮而且有聰明有才能，德性、智慧、武藝、品格相貌都是一級棒，所以他的老師非常贊許他。

有一天，這個法師出遠門，師母對這個弟子由敬意而生愛意，竟趁丈夫不在的時候偷偷潛入鴦掘摩的房間，說著輕薄的話語。

鴦掘摩德性高超，他端正著臉色對師母說：「我的老師就像我的父親，師母就像我的母親，弟子絕對不會做出違背禮法的事情。」

師母被拒絕以後，惱羞成怒，馬上想了一個方法設計陷害他。她回到自己的房間，將身上的衣服撕破，還用藥草將臉染黃，然後倒臥在地裝成病人的樣子，發出斷斷續續呻吟的聲音。

過了不久，那位老師回來了，一看到自己的妻子倒在地上，緊張的問：「怎麼了？妳生病了嗎？」

師母哭哭啼啼的說：「那位你時常稱讚的聰明弟子，平常看起來溫和有禮，今天早上卻趁你外出時闖入我的房間，拉扯我的衣服想要非禮我。我不順從他的意他就打我，害我倒臥在地爬不起來。」

法師聽了非常憤怒，馬上想重重處罰鴦掘摩，但是鴦掘摩雄壯威武，力大無窮，無法以力量制服。法師猶豫了很久，終於想到一個方法，於是把鴦掘摩叫到座前，對他說：「你的天份和學習能力樣樣都贏過別人，只有劍術這一項從來沒人看你表現過，這樣會使你英勇的名聲長久被埋沒，實在非常可惜。」

於是鴦掘摩恭敬的發問：「希望老師能慈悲給我指點。」

老師邪惡的笑了一下，說：「如果你想要樹立名聲，可以拿著鋒利的寶劍，在早晨時到十字路口，親手殺傷一百人，每人取一隻手指回來，到了中午，一百隻手指的數目一滿，再把手指串成項鍊，戴在頭上，那麼你馬上能獲得威望名聲。」

說完便給他一把鋒利的寶劍，催促他快去。鴦掘摩接下利劍，思考老師所說的話，震驚得愁容滿面不知道要怎麼辦才好，他心想：「違背老師的教訓是違反做弟子的道理，但遵守老師所教的行為卻是大大的違背天理。我到底該怎麼辦？」

想著想著，鴦掘摩漸漸心神動搖而舉止失常了，他竟不由自主的走到路口的古樹底下，像瘋了一樣，憤怒的注視著四面八方的路人，一看到人經過便拔劍而去，劍鋒一到就有手指脫落，沒有一人倖免。一瞬間，手指幾乎集滿一百隻了。

有個比丘得知這件慘事，急忙跑到佛陀的住所，行禮報告說：「慘了！失去理智的鴦掘摩站在路口亂砍人，現場血跡滿地一堆人倒臥在路上。」

正在說法的佛陀告訴眾弟子：「你們先安心坐著，我現在就去救人。」

這時鴦掘摩的母親已經煮熟午飯，不知兒子為什麼沒有回來吃中餐，便拿著便當外出尋找兒子。眼看快到正午，鴦掘摩切下來的手指已經有九十九隻，還少一隻，他遠遠看見年老的母親過來，一時眼睛模糊無法辨認出來，為了湊滿手指的數目便揮劍向母親砍去。

恰巧佛陀趕到，知道鴦掘摩的根器完善具足，只是偶然著了魔道，迷失自己的本性，所以大肆屠戮殺害，必須受到各種業報，而如果再切斷自己母親的手指，那就真的罪大惡極，永遠要在無數的劫難中沉淪無法解救了。

於是，佛陀立刻顯示廣大的神通力，遮擋在他母親面前，而鴦掘摩看見佛陀，便捨去母親而想要取得佛陀的手指，於是舉起寶劍想要向佛陀邁進，但是身體卻怎麼也無法往前一步。

這時佛陀緩緩的說：「我是來為你消除過錯的，因為你的心向著虛妄前進，以致於被魔鬼驅使而失去自主，竟然指望搜集指頭來成就道業，這是造孽而且是沒有智慧的事，是在苦海中行走而不知停止啊！」

鴦掘摩聽了這番話，忽然開解悟道，心境頓時清醒明亮，連忙將劍丟到路旁，五體投地的下拜，說道：「希望世尊饒恕我迷失荒謬的行徑，收我為弟子，以便信奉正直的教化。」

佛陀知道這人的因緣已經成熟，便將他收為弟子帶到祇園精舍。從此鴦掘摩跟隨在佛陀左右，接受佛陀的教化很快便修得神通，了斷生死，證得阿羅漢果。

這時的佛陀看到鴦掘摩聽聞佛法而開悟解脫，而且精進勤奮，功德和業果都很大，佛陀認為他的名聲是崇高的，於是賜名伽瞿比丘。

## 有心就有福

知錯能改，善莫大焉。一個人能做到知錯能改，特別是對於某些較為重大的問題，能夠改正錯誤，或者能表明一個正確的態度，才能夠得到世人的認可，所做的錯事才會得到諒解。

## 要靠自己開花結果

春天的時候，小沙彌問老方丈：「究竟要怎樣入禪呢？我要從哪裡入手呢？」

老方丈默默無語，將一粒夜來香的種子埋在禪房門前的土壤裡。

初夏的時候，小沙彌問老方丈：「我天天苦讀經書，怎麼沒見長進呢？」

老方丈用手指了指門外的夜來香——那粒種子已經破土而出，萌發了嫩綠的芽了。

盛夏的時候，小沙彌問老方丈：「烈日酷暑，蚊蟲紛擾，我究竟怎樣才能入靜、入心呢？」

老方丈一言不發，用手指了指門外的夜來香——烈日下，風塵裡，夜來香耷拉著枝葉，萎縮著蓓蕾，靜靜的面對著現實，默默的積蓄著生機。

夏末秋初的時候，小沙彌心灰意冷，對佛教失去信心，認為自己不可能再有開悟的可能，準備再見老方丈一次，如果還得不到點化，就下山還俗。

這天夜裡，他邁著沉重的腳步來到老方丈的禪房。

小沙彌非常氣餒的對老方丈說：「我太愚鈍了，辜負了師父的栽培，辜負了那些經書，半年來沒悟到一丁點的禪機，請方丈開恩，點化我一下吧！如果再不能長進，我就下山還俗了……」

老方丈關切的看了看小沙彌，用平靜的口氣說：「你能來找我，能多次來討教，就說明你是有心之人，我看你已經長進不少，頗有慧心了。再說了，無論什麼事情，指望別人是不行的，得靠自己。」

「怎樣靠自己呢？」小沙彌問著。

老方丈便拉亮門外的電燈，領小沙彌走出房門，來到那棵早已生長得鬱鬱蔥蔥的夜來香前。

小沙彌顯然很驚訝，脫口說道：「真好看！它怎麼都是夜裡開花呢？而且下部的枝杈上已經有黑色的種子了！」

「從春天播下種子，到目前的繁花似錦，從來沒人問過它的事，它就在日月輪迴、風風雨雨裡自己成長起來，而且都是在夜裡默默的開花吐蕊……」

小沙彌若有所思的笑了，對老方丈說：「我懂了！參禪、做學問也得靠自己開花結果啊！」

## 有心就有福

無論是參禪、做學問，還是做別的事情，都得靠自己的努力，常言說：「師父領進門，修行靠個人」，就是這個道理。莫向外求，心領神會，靠自己開花結果，是人生理念中顛撲不破的真理。

# 依靠別人不如依靠自己

宋朝的雪竇禪師喜歡四處雲遊訪學，這天，禪師在淮水旁遇到了曾會學士。曾會問道：「禪師，您要到哪裡去？」

雪竇很有禮貌的回答道：「不一定，也許去往錢塘，也許會到天臺那兒去看看。」

曾會建議道：「靈隱寺的住持珊禪師跟我交情甚篤，我寫封介紹信給您，您帶去交給他，他一定會好好的招待您。」

於是雪竇禪師來到了靈隱寺，但他並沒有把曾會的介紹信拿出來給住持過目，而是潛身在普通僧眾之中過了三年。

三年後，曾會奉令出使浙江時，便到靈隱寺去找雪竇禪師，但寺僧卻對他說沒有人知道有這麼一個人。

曾會不信，便自己去雲水僧所住的僧房內，在一千多位僧眾中找來找去，好不容易才找到雪竇，曾會不解的問道：「為什麼您不去見住持而隱藏在這裡？是不是我為你寫的介紹信丟了？」

雪竇禪師微笑著回答道：「不敢，不敢。我只是一個雲水僧，一無所求，所以我不會做您的郵差的！」

說完拿出原封不動的介紹信交還給曾會，雙方相視而笑。曾會隨即將雪竇引薦給住持珊禪師，珊禪師甚惜其才。

後來，蘇州翠峰寺缺少住持，珊禪師就推薦雪竇去任職。在那裡，雪竇終成一代名僧。

## 有心就有福

靠人不如靠己，還是應該相信自己。人應該依靠自己來實現自我，依靠自己的實力和個人的奮鬥在社會上立足，而不是靠他人。

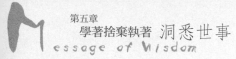

## 隨時擦掉鞋上的泥汙

百丈懷海禪師帶著徒弟四處雲遊，宣揚佛法。連日陰雨，路途泥濘，兩個人的鞋子上都沾滿了泥汙。

進客棧投宿前，百丈懷海禪師邊擦自己鞋子的泥，邊叫小徒弟把他自己的鞋子也擦乾淨。

小和尚皺著眉說：「今天擦洗乾淨，明天還是要沾泥汙。」

百丈懷海禪師說：「好，你今天晚上的齋飯也不要吃了。今天吃了，明天還是要吃。」

### 有心就有福

今天的事不可以等到明天再做，明天還有明天的事，就像今天我們也不想做昨天的事情一樣，我們因為有很多的理由所以讓我們失去了很好的機會。

機會需要時間，時間可以創造機會。上帝給每個人相同的機會，珍惜的人總是抓得到，而無所謂的人呢？總是錯過了，留下的只有惋惜。

# 要有虔誠的心

有一個青年名叫光藏，未學佛前，一心想成為佛像雕刻家。故特別去拜訪東雲禪師，希望禪師能指點一些佛像的常識，使其在雕刻方面有所成就。

東雲禪師見了他以後，一言不發的只叫他去井邊汲水。當東雲看到光藏汲水的動作以後，突然間開口大罵，並趕他離開。因為時近黃昏，其他弟子看到這種情形，頗為同情，就要求師父留光藏在寺中住一宿，讓他明天再走。

到了三更半夜，他被叫醒，去見東雲禪師。禪師以溫和的口氣對他說：「也許你不知道我昨晚罵你的原因，但我現在告訴你，佛像是被人膜拜的，所以對被參拜的佛像，雕刻的人要有虔誠的心，才能雕塑出莊嚴的佛像，白天我看你汲水時，水都溢出桶外，雖是少量的水，但那都是福德因緣所賜與的，而你卻毫不在乎。像這樣不知惜福且輕易浪費的人，怎麼能夠雕刻佛像？」

光藏對此訓示，頗為感動而欽敬不已，並且在深加反省後，終於入門為弟子，對佛像的雕刻，其技藝也獨樹一幟！

## 有心就有福

一個人要有責任心和敬業精神，做事情一定要認真。不管做什麼事，保持一顆虔誠的心很重要。

# 全面的看問題

很久以前，在一座寺廟裡住著三個和尚，老和尚和兩個小和尚。

一天，兩個小和尚正在打掃屋子，這時突然有一隻蜜蜂飛進了屋子，飛了幾圈後，蜜蜂就想飛出去了，可是牠每次很努力向窗戶飛去，卻每次都被窗子厚厚的玻璃擋了回來，一次又一次的摔下來。兩個小和尚看了，深有感觸。

其中一個小和尚說：「這種蜜蜂真是愚蠢，明知道這個方法不行，為什麼失敗了一次，還要一次又一次的還要往玻璃上撞呢？牠這樣做下去，畢生都不可能成功的。」他從中領悟到的是：世上有些事不能強求，該放手時就放手。

另一個小和尚則說：「這隻蜜蜂很頑強，牠是那麼的勇敢，失敗了也不屈服。值得我們學習啊！」而他從中得到的啟示則是：做人就應該像那隻蜜蜂一樣，鍥而不捨，敗而不餒，百折不撓。

就因為這個，兩人因為意見不一致就開始爭執了起來，誰也不服誰。

吵了半天還是沒有結果，於是，他們決定去找師父評理去。見了老和尚，他們說清了事情的原委後異口同聲的道：「師父，我們的觀點究竟誰的才是正確的呢？」

老和尚堅決的說道：「你們兩個誰都沒有錯啊！」

兩個小和尚聽了，感覺非常不解。心裡都很納悶，怎麼可能都正確呢？師父是不是故意做好人，不想讓我們再起爭執才這樣說的啊？

老和尚似乎看出了他們的心思。於是微笑著，拿出一塊大餅，並且吩咐二人將大餅從中切開。兩個小和尚按照師父的意思做了。

老和尚隨即問道：「你們說說，兩個半塊的餅，哪半塊好，哪半塊不好？」

小和尚面面相覷卻回答不出問題。

老和尚又道：「你們倆總是看到事情相異的地方，卻沒有看到相同的地方，是形式上的差異掩蓋了本質的相同。」

## 有心就有福

生活中的事物都有兩個方面，看問題不要只看一個方面，儘量從別人的角度多想一想，能夠全面的看問題，就能夠避免許多錯誤。

# 水中倒影

據《大莊嚴論經》第十五卷記載，釋加牟尼說過這樣一個充滿哲理的故事：有一個富家媳婦，因為經常被婆婆責罵，便賭氣走進林中，想自殺了結性命。自殺沒有成功，她便爬到樹上，想暫時安歇一個晚上。樹下有一個泥塘，她的身影倒映在水中。

這時走來一個婢女，挑著水桶準備取水，看見水中的倒影，以為就是自己，便自言自語的說道：「我長得這樣美麗端莊，為什麼替別人挑水呢？」立即打破水桶，回到主人家中。

她對大家說：「我長得這樣端莊美麗，為什麼還讓我做挑水這種粗活？」大家議論道：「這個婢女大概是被鬼魅迷住了，所以才會說此蠢話、做此蠢事。」大家也不理睬她，又交給她一個水桶，再叫她去取水。婢女重新來到池塘邊，又看到了富家媳婦的倒影，便再一次打破了水桶。

富家媳婦在樹上目睹這發生的一切，忍不住笑了。婢女見水中之倒影笑了，便有所覺悟，抬頭一看，見一個婦女坐在樹上微笑，她容貌端莊，服飾華麗，非己可比，覺得很羞愧。

釋迦牟尼說：「我為什麼要講這個故事呢，是因為世上有倒見愚惑之眾。」於是釋迦牟尼說了一首偈語：「末香以塗身，並熏衣瓔珞。倒惑心亦爾，謂從己身出。如彼醜陋婢，見影謂己有。」

釋迦牟尼所說之偈，是從婢女誤認富家媳婦之倒影為自己的角度來闡述的，他把這種現象，稱作「倒惑」。

倒惑所看到的假象，實質上是一種心理活動，或者說是一種潛意識。婢女為什麼會「見影謂己有」呢？因為在她潛意識中，就是希望自己長得漂亮進而擺脫粗重的勞動。她上當了，她是上了自己眼睛的當嗎？不是。她是上了自己求美之心，怕苦之心的當。

## 有心就有福

世上有不少的人容易受騙上當。騙子固然可惡，但上當之人，大多心有「倒惑」，因而被假象所迷住，看不清事物的本質。

# 不必在意他人的看法

一次，雲水禪師問清遠禪師：「你愛色嗎？」

清遠正在用竹籮篩豌豆，聽到雲水這樣問，嚇了一跳，筐裡的豆子也灑了出來，滾到雲水的腳下。

雲水笑著彎下腰，把豌豆一粒一粒的揀了起來。

清遠禪師耳邊依然回想著雲水禪師剛才說的話，他不知道該怎麼回答，這個問題實在是沒有辦法回答。

清遠禪師的心裡暗自琢磨：「色」包含的範圍太大了，女色、顏色、臉色……你穿衣服挑顏色嗎？你吃佳餚喝美酒看重菜色、酒色嗎？你選宅第房舍注意牆色嗎？你會按照別人的臉色行事嗎？你貪戀黃金白銀的財色嗎？你貪戀妖媚豔麗的女色嗎？

清遠禪師放下竹籮，心中還在翻騰。

他想了很久才回答道：「不愛！」

雲水一直在旁邊看著清遠的狀態，他惋惜的說：「你回答這個問題之前想好了嗎？等你真正面對考驗的時候，你是否能夠從容面對呢？」

清遠大聲說道：「當然能！」

然後，他向雲水禪師的臉上看去，希望能得到他的回答，可是雲水只是笑，沒有任何的回答。

清遠禪師感到很奇怪，反問道：「那我問你一個問題行嗎？」

雲水說：「你問吧！」

清遠問：「你愛女色嗎？當你面對誘惑的時候，你能從容應付嗎？」

雲水哈哈大笑的說：「我早就想到你要這樣問了！我看她們只不過是美麗的外表掩飾下的皮囊而已。你問我愛不愛，愛與不愛又有什麼關係呢？只要心中有自己堅定的想法就行了，何必要在乎別人怎麼想。」

### 有心就有福

無論外在有怎樣的誘惑，只要有自己堅定的想法就可以。眼中有色，心中無色，才能坦然面對世間的各種誘惑。

# 不要和他人計較

早晨五點，悅淨大師出去為自己廟裡的葡萄園雇民工。一個小夥子爭著跑了過來。悅淨大師與小夥子議定一天十塊錢，就派小夥子工作去了。

七點的時候，悅淨大師又出去雇了個中年男人，並對他說：「你也到我的葡萄園裡去工作吧！一天我給你十塊錢。」中年男人就去了。

九點和十一點的時候，悅淨大師又同樣雇來了一個年輕婦女和一個中年婦女。

下午，三點的時候，悅淨大師又出去，看見一個老頭站在那裡，就對老頭說：「為什麼你站在這裡整天閒著？」老頭對他說：「因為沒有人雇用我們。」悅淨大師說：「你也到我的葡萄園裡去工作吧！」

到了晚上，悅淨大師對他的弟子說：「你叫所有的雇工來，分給他們工資，由最後來的人開始，直到最先的。」

老頭首先領了十塊錢。最先被雇用的小夥子心想：老頭下午才來，都掙十塊錢，我起碼能掙四十塊錢。可是，輪到他的時候，也是十塊錢。

小夥子立即就抱怨悅淨大師，說：「最後雇的老頭，不過工作了一個時辰，而你竟把他與工作了整整一天的我同等看待，這公平嗎？」

悅淨大師說：「施主！我並沒有虧付你，事先你不是和我說好了一天十塊錢嗎？拿你的走吧！我願意給這最後來的和你的一樣。難道你不允許我拿自己所有的財物，以我所願意的方式花嗎？或是因為我對別人好，你就眼紅了？」

## 有心就有福

我們每個人如果想快樂的生活在人世間，就應該安心享受自己的生活，不要總是與別人比較，更不要計較什麼公平不公平，學會隨遇而安。這樣，你在生活中就會有平等心和滿足感，就會減少許多痛苦和煩惱，進而達到身心健康的目的。

# 學會克制自己

一天，在法門寺要選出一個小和尚做方丈的徒弟。所有人都認為這是一個非常好的機會，小和尚們參加這次選拔都非常積極。

「選拔」的負責和尚強調：這次選拔最看重的是被選中者的「自我克制能力」。而且參加競賽的每個小和尚都要經過一個很特別的測試。

「能閱讀嗎？」選拔已經開始了，方丈問第一個小和尚。

小和尚答道：「能，師父。」

「測試」的負責和尚把一本打開的經書放在小和尚的面前：「你能讀這一段嗎？」。

「當然可以，師父。」小和尚很果斷的答道。

「你能一刻不停頓的朗讀嗎？」方丈又問。

小和尚顯得很有把握，胸有成竹的說：「可以，師父。」

「很好，那你跟我來吧！」

「測試」的負責和尚把小和尚帶進了一間禪房，並且關上了門。

小和尚拿著書，閱讀剛開始，「測試」的負責和尚就放出六隻可愛的小狗到這間禪房，這太容易讓人分心了！小和尚總是忍不住小狗的誘惑，所以常轉過頭去看活潑可愛的小狗。

這樣導致小和尚視線離開閱讀經文，忘記了自己的角色，讀錯了。就這樣他失去了這次好機會。

也正是這個原因，很多小和尚都被淘汰了。不過到後來還是有個小和尚抵擋住了誘惑一口氣讀完了。

老方丈見狀很高興，並問這個幸運的小和尚道：「你在讀書的時候沒有注意到你身邊的小狗嗎？」

小和尚堅決的回答：「沒有，師父。」

「我想，你應該知道牠們的存在，是嗎？」方丈接著問道。

小和尚回答：「是，師父。」

「那麼，你為什麼不看牠們一眼呢？」

「因為你告訴過我要不停頓的讀完這一段，我要遵守這個承諾。」

「你總是遵守你的諾言嗎？」

「當然，我總是會盡自己最大的努力去遵守，師父。」

方丈非常高興的宣佈：「你就是我要找的人。」而生活中的我們，不是也應該具有這樣的特質嗎？

**有心就有福**

人的一生充滿著無數的誘惑，我們要學會控制自己，抵擋誘惑。把精力投入到重要的事情當中。

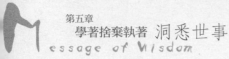

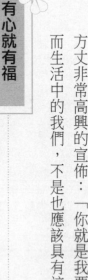

# 你要學會生活

過去，經常有人風塵僕僕到趙州觀音院求師問道。

一次，一個俗家弟子來觀音院拜見方丈趙州禪師說：「弟子專程來觀音院拜見方丈，請方丈教我修行之道。」

「你吃過粥沒有？」趙州禪師問。

「吃過了。」

「那你就去把碗洗一洗吧！」

趙州禪師不教他修行之道，卻問他吃粥了沒有，還讓他去把碗洗乾淨。吃粥洗碗之外，趙州禪師更喜歡對前來求道的人說：「吃茶去。」不管是初來也好，從前來過也好，口裡掛著的總是這句話。有人忍不住問：「來過也吃茶去，沒來過也吃茶去，你這是什麼意思？」趙州禪師的回答，卻仍然是：「吃茶去。」

雖然洗碗、吃茶，都是生活中的平常小事，但是修行、領悟，卻也離不開生活瑣事，並從生活的真實中得到證實。

由此，你可能已經悟出，只有傻子才捨棄從眼前瑣事中體味尋覓「道」的存在，而另去那個虛無縹緲的遠方，做好高騖遠、不著邊際的追求。

## 有心就有福

生活不會按照你的想像和步伐來運轉，而是你必須學著去適應生活。從日常的生活中去體會生活給予我們的樂趣。

# 不為俗念所累

有一次，大學士黃山谷去拜訪祖心禪師，見禪師日日輕鬆安穩，處處安詳自在，黃山谷總覺得禪師有獨特的處世祕訣未曾傳授。

一日，他們一起走在山坡上，道路兩旁開滿了各種鮮花，萬紫千紅，散發著香氣。

祖心禪師就問黃山谷：「你聞到花香了嗎？」

黃山谷望瞭望山路兩旁盛放的梔子、茉莉、百合，再望望崖頂寺院周圍滿滿綻放的桂花，忍不住稱讚：「當然聞到了，太香了！」

又過了一會兒，他們爬到一個小山峰上，放眼望去，只見群山起伏，連綿不絕，白雲纏繞，晚霞夕照。

祖心禪師又問黃山谷：「你見到這美景了嗎？」

黃山谷讚歎道：「此景有如仙境，讓人流連忘返啊！」

祖心禪師點點頭，笑著說：「你和我一樣地聞到了花香，見到了美景，所以我並沒有對你隱瞞什麼呀！」黃山谷一怔，頓時醒悟過來。

## 有心就有福

處世祕訣，並不是什麼特殊的方法和本領，而是眼前每一時刻的灑脫，和當下每一地方的自在。如果終日為一些俗念所負累，只會兩眼不見、兩耳不聞。聞不到美妙的花香，看不見動人的美景，領悟不到獨特的處世祕訣。

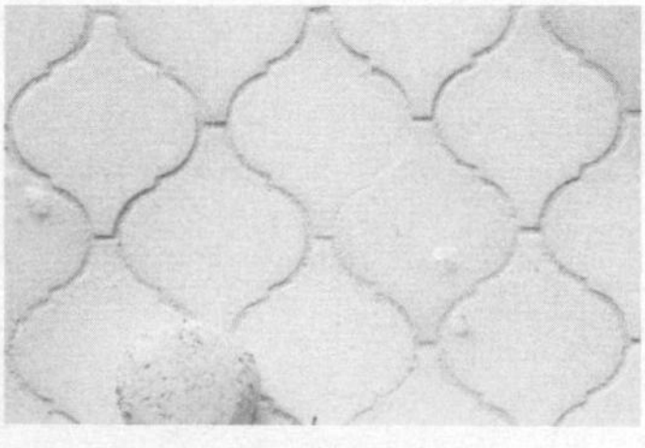

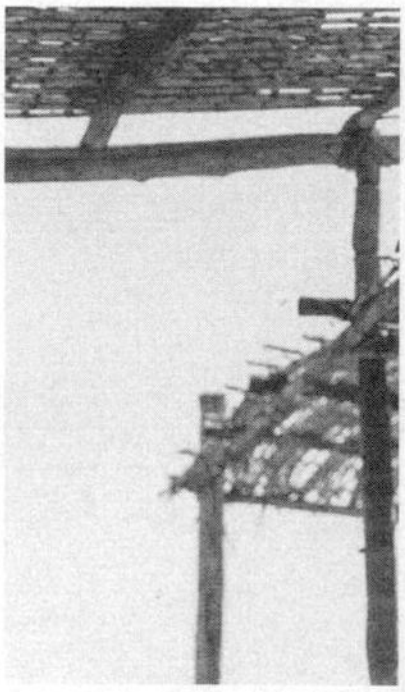

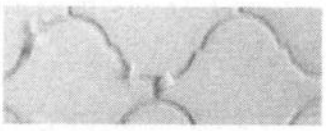

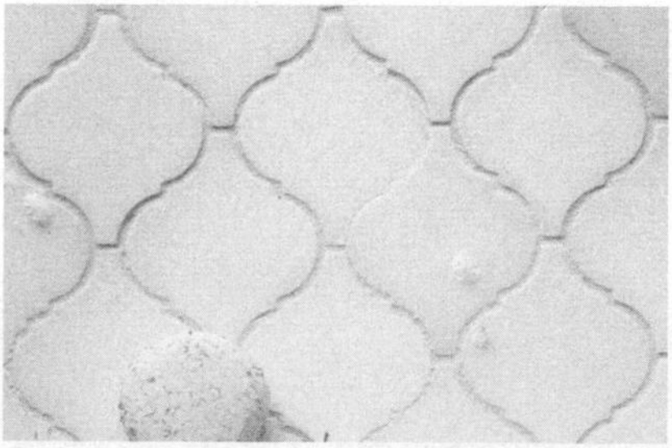

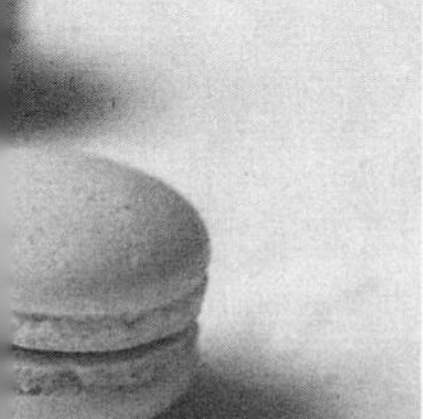

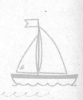

命運安排什麼，
我們就享受什麼

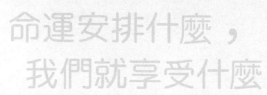

第六章

# 腳踏實地走好每一步——實現自我

有許多人終日忙碌不停，但始終找不到自己的方向，即使找到了方向，也只是一時激情，缺乏持久、不懈的努力，到頭來仍是一事無成。

# 要心懷接納，而不是挑剔

一個年輕人千里迢迢來到法門寺，對住持釋圓大師說：「我一心一意要學丹青，但至今也沒有找到一個令我滿意的老師。」

釋圓大師笑笑問：「你真沒能找到一個令自已滿意和稱心的老師嗎？」年輕人歎了一口氣說：「許多人都是徒有虛名，他們的畫技甚至還不如我呢！」釋圓大師聽了，淡淡一笑並說：「老僧雖然不懂丹青，但也頗愛收集一些名家精品．既然施主的畫技不比那些名家遜色，就煩請施主為老僧留下一幅墨寶吧。」

釋圓大師對年輕人說：「老僧的最大嗜好就是愛品茗飲茶，尤其是喜歡那造型流暢的古雅的茶具。施主可否為我畫一個茶杯和茶壺呢？」

年輕人聽了說：「這還不容易？」於是寥寥數筆就立馬畫出一個傾斜的水壺和一個造型典雅的茶杯。那水壺的壺嘴正徐徐吐出一脈茶水來，注入到那茶杯中去。

年輕人問釋園：「這幅畫您滿意嗎？」

釋圓大師對年輕人說：「你畫得確實不錯，只是茶壺和茶杯放錯了位置。應該是茶杯在上，茶壺在下呀。」

年輕人聽了，笑道：「大師為何如此糊塗，哪有茶杯反在茶壺之上的道理？」

大師聽了，又微微一笑說：「你既然渴望自己的杯子裡能注入那些丹青高手的「香茗」，但你總把自己的杯子放得比那些茶壺還要高，「香茗」怎麼能注入你的杯子裡呢？只有把自己放低，才能吸納別人的智慧和經驗。」

年輕人聽了大師的話後思忖良久終於恍然大悟。

大師是想用茶壺和茶杯來告訴年輕人一個容納與接納的問題，當年輕人抱著質疑的心態去求學時，他的眼光帶著挑剔，只有年輕人心懷接納，他的求學才會成功！

## 有心就有福

海納百川，正是因為身處低位。一個人想獲取更多的知識，態度必須謙虛誠懇。做人就要把自己的地位放低一點，這樣才能看到別人的長處，把自己的缺點補上，使自己變得更完美，這樣做也能應證一句老話：取別人之長，補己之短。

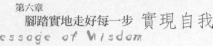

# 丟掉那顆傲慢的心

浙江奉化雪竇寺的開山祖師妙高禪師，在妙高臺上靠山的一邊用功修行，日夜不息。但因精力有限，時常打瞌睡。他為了警惕自己別再瞌睡，就移到臨崖的一邊打坐，下面是幾十丈的懸崖山澗，如果打瞌睡，一頭栽下去，馬上沒命。

又一次，妙高禪師忍不住又打瞌睡，真的就這樣摔下去。他以為這一次一定沒命了。沒想到在半山腰時，忽然覺得有人托著他回到崖上。他很驚訝的問：「是誰救我？」

空中回答：「護法韋馱！」

妙高禪師心想：還不錯，我在這裡修行，居然還有人護法！於是趾高氣揚的問：「像我這樣精進修行的人，世間還有幾人？」

空中答道：「像你這樣修行的人，有恆河沙數之多。因你有這一念傲慢之心，我二十世不再護你的法！」

妙高禪師聽後，痛哭流涕，慚愧萬分。左思右想，倒是想開了：「唉！不管他護不護法，我還是在這裡修我的行。修不成，一頭栽下去，死了也就算了。」

這樣，他依然坐在妙高臺上修行。坐不久，又打瞌睡，又一頭栽下去。這次，他認為真的沒命了，可是快落地的時候，竟又有人用雙手接著他送上臺來。

妙高禪師又問：「是誰救我？」

空中答曰：「護法韋馱！」

「你不是說二十世不來護我的法？怎麼又來？」

韋馱菩薩說：「法師，因你剛剛一念慚愧心起，已超過二十世之久！」

## 有心就有福

追求事業成功者，稍有成就，不驕傲者能有幾人？在驕傲之餘，能思慚愧之心者又有多少？

只有平和的心態才能消除偏狹和狂傲之氣，捨去浮躁和虛華。以一顆平常心直面人生，正確對待得失和輕重，腳踏實地走好每一步，人生就會變得更加平靜和淡定，自己也能得到昇華。

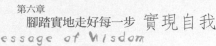

# 「忘我」是人生的最高境界

古時候有位佛光禪師，修行參禪專心致志，四方僧人禪客紛紛前來拜訪請教。可是，每當弟子前來通報有人向禪師學道時，他總是反問：「誰是禪師？」

佛光禪師專注禪理，就連吃飯時，也在思考著什麼。弟子見他手拿碗筷不動，就提醒他：「師父，吃飽了嗎？」他竟然忘了自己是在吃飯，反問弟子：「說什麼？誰在吃飯？」由此可見他聚精會神的程度！

農禪是當時修煉的重要方法，佛光禪師身體力行，從不分心。有一次，弟子擔心他太累，提醒他：「師父，您真是太辛苦了！」佛光禪師卻反問道：「誰太辛苦了？」

一天，佛光禪師的弟子大智赴外地參學歸來，向師父彙報了自己的見聞體會。接著問道：「師父，我在外二十年，您生活得怎樣？」佛光禪師輕鬆的答道：「好，好，天天誦經修道，說法著述，猶如在廣闊的海洋裡遨遊，心曠神怡。」兩人談到半夜，佛光禪師讓大智休息，天亮後再談。

可是到了天亮，大智醒來，卻聽見師父的陣陣誦讀聲，看來師父又是通宵達旦。

到了白天，佛光禪師更忙，沒有一絲空閒。不是接待前來拜佛參禪的禪客，就是在禪房裡執筆閱改弟子的習卷和撰述講稿。大智問道：「師父，二十年來都這麼緊張的生活嗎？怎麼不見您衰老呢？」佛光禪師笑了笑說：「大智，我可沒有時間想到老啊！」

大智聽了這句話，終於心有所悟：原來一個人只要具有忘我精神，就能讓自己閃爍出永恆的光芒。

## 有心就有福

忘我，是人生的一種精神境界，也是一個人工作、學習和生活的力量源泉，它能使人的道德品行昇華，事業發達成功。一個人果真做到忘掉自己的年齡、忘掉自己的疾病、忘掉自己的恩怨、忘掉自己的煩惱，那他就無論身處何時何地、無論經歷任何成敗得失，都會泰然處之，甚至是心曠神怡。

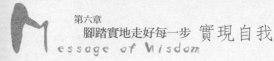

# 心要有容量

弟子前去拜見禪師，問道：「師父，為什麼我覺得自己這些年來總是進境緩慢，難以突破？」

師父笑著說：「我來給你倒杯水喝吧！」

於是就拿起桌子上的茶壺，往杯子裡倒水。水很快滿了，但禪師卻仍不罷手，依舊往杯裡注水。

弟子提醒他：「杯子裡的水已經注滿了。」

禪師意味深長的對弟子說：「再倒一些吧，說不定還能更多一些呢！」

弟子笑著說：「杯子已經滿了，您再怎麼倒也不能增加杯裡的水。」

禪師歎道：「說得有道理呀！其實不僅倒水如此，學業進境又何嘗不是如此呢？」

弟子聽了心頭一震，自言自語的說道：「是啊！人生也是這樣的道理，心裡裝的東西太多了，自然就裝不進其他的了！」

禪師看他有所省悟，便笑著說：「是啊！很多人只想著心裡裝更多的東西，以為這樣就可以得到更多的東西。但是他們越是這樣想，就越不能得到，因為他們的心已經滿了，怎麼能裝進去東西呢？倘若心中的那只本子裝滿了雜念，我們就會陷入精神的老化，變得無法接受新事物，無法更新我們的所思所悟。學業的進境更是如此，知識的發展日新月異，如果我們不時常清理固有的思維，接受新觀點，那麼必然會難以突破本來的自我。」

## 有心就有福

心就像一個容器，也有自己的容量。要想把新的東西裝進去，只能把原來的舊東西倒掉。你的心裝了多少雜念？又裝了多少美好的事物呢？既然心的容量是有限的，不如讓我們的心中擁有更多美好的東西，而少一些憂傷與煩惱。

# 保持一顆平常心

有一次，一位僧人問大珠慧海禪師：「你修行禪道是否用功？」

大珠禪師回答說：「用功啊。」

僧人又問：「那你又是如何用功的呢？」

禪師說：「餓了就吃飯，困了就睡覺。」

僧人又問：「所有的人都是如此，豈不是和你一樣用功嗎？」

禪師說：「不一樣的。」

僧人很奇怪，又問：「又有什麼不一樣嗎？」

禪師回答說：「有些人該吃飯的時候不想吃，百般挑揀，有些人該睡覺的時候不睡覺，千般計較。所以不一樣。」

僧人遂無話可說了。

## 有心就有福

吃飯睡覺，看起來是一件非常簡單的事情，但究竟又有多少人能夠快樂的把飯吃完，安穩的把覺睡飽呢？很多時候我們的心在吃飯、睡覺的時候，還在百般挑揀、千般計較。由於執迷太多，稍不如意，便耿耿於懷；略有不順，就鬱鬱寡歡。丟卻了平常之心，貪圖的越多，煩惱也就跟著越多。

如若我們的心能夠放下挑揀和計較，去掉執著，雖終日吃飯睡覺，卻不貪不厭，不顛倒妄想，這看似平常之事，其實當下就是參禪。

# 痛後方開悟

臨濟義玄剛出家時在黃檗希運禪師門下，行為謹慎，每天只是和師兄弟們聽法和參禪。

他行為精純專一，不務外求。當時，寺院中的首座是睦州禪師，看他有慧心，就想開導他。

這一天，臨濟義玄正在參禪。睦州禪師就問他：「你到這裡多少時間了？」

「三年了。」臨濟義玄答。

睦州禪師又問：「你可曾參問過老師嗎？」

臨濟義玄回答：「沒有。」睦州禪師就讓他去參問一下。

他說不知問些什麼。睦州禪師告訴他問「佛法真意」。

他就去問黃檗希運：「請問師傅，什麼是佛法中的真意？」但是他還沒有問完，就被黃檗希運狠狠的揍了一頓。

回來後，睦州禪師就問他：「你問得怎樣？」臨濟義玄就將自己被打的事完完整整的說了一遍。

睦州禪師一臉的狐疑狀，就說：「你還沒弄清楚，再去問問吧！」

臨濟義玄又去問，結果同樣又是被狠狠的揍了一頓。他就這樣三次去問，三次遭打。

後來，他心灰意冷，睦州禪師再說時，他就對睦州禪師說：「承蒙大師您慈悲為懷，鼓勵我去問佛法。也感謝住持和尚不吝賜教，只是我資質太愚鈍，無法領會深義。看來，我只好離開這裡了。」於是就向睦州禪師告別。禪師說：「你要走，也應該去向住持辭行呀！」

睦州禪師此前先到黃檗希運那裡說：「三次向你問法的那個和尚，是很有慧根的人。如果他來辭行，你就指引他一條路吧。」在黃檗希運的指引下，臨濟義玄不久就來到了大愚禪師處。

一見面，大愚禪師就問：「你從哪裡來？」

「從黃檗希運那裡來。」

「黃檗希運有什麼話語？」

臨濟義玄覺得也沒什麼說的，就答：「我三次去問佛法大意，三次都被師父打了。不知道我這其中有沒有過錯？」

大愚禪師就說：「真是求好心切，還讓你來我這裡問什麼對錯呀！」臨濟一聽，豁然大悟，方始明白師父痛打自己的用意：原來是想讓自己趕快悟道，從自身悟。

## 有心就有福

在這個故事中，黃檗希運為了讓弟子儘快悟道，不惜數次痛打弟子。打還有另外一層含義：痛在身上才知道佛法在自己心中，而是不能問別人的。

## 困擾來自自身

有個小和尚學會了入定，可是每當入定不久，就感到有隻大蜘蛛鑽出來搗亂。沒辦法，他只得向老和尚請教。

小和尚說：「師父，我每次一入定，就有大蜘蛛出來搗亂，趕也趕不走牠。」師父笑著說：「那下次入定時，你就拿支筆在手裡，如果大蜘蛛再出來搗亂，你就在牠的肚皮上畫個圈，看看是哪路妖怪。」

聽了老和尚的話，小和尚準備了一支筆。

再一次入定時，大蜘蛛果然又出現了。

小和尚見狀，毫不客氣，拿起筆來就在蜘蛛的肚皮上畫了個圈圈作為記號。誰知剛一畫好，大蜘蛛就銷聲匿跡了。沒有了大蜘蛛，小和尚就可以安然入定，再無困擾了。

過了好長一段時間，小和尚出定後，一看才發現，原來畫在大蜘蛛肚皮上的那個圈記，就赫然在自己的肚臍眼周圍。

這時，小和尚才悟到，入定時的那個搗蛋鬼大蜘蛛，不是來自外界，而是源於自身思想上的心猿意馬。

## 有心就有福

很多時候，所謂的打擾其實並不是來自外界，而是出自自己的內心。如果能安定內心，那就不會受到各種干擾，也就不會感到心煩了。

# 要有強大的內心

很久以前，有一位僧人在鄉村裡過著平靜的修行生活。

有一天，當這位僧人出門的時候，忽然發現門口躺著一隻凍僵的小老鼠，於是就把牠抱進屋子裡，用雙手溫暖牠。小老鼠漸漸的甦醒過來，恢復了健康，從此和僧人生活在一起，白天到外面曬太陽，玩耍；晚上回到屋子裡躺在溫暖的羊毛毯子上聽這位慈祥的僧人講故事，生活還算愉快。

但是，僧人的家裡有一隻貓，雖然貓不傷害小老鼠，可是小老鼠每次見到貓時都感到非常害怕。

於是，有一天，小老鼠對僧人說：「慈悲的修行者，我和你生活在一起感到非常快樂，但是有一件事情我想請求你的幫助。」僧人微笑著說：「那是什麼事情呢？」小老鼠回答說：「每次當我看到您家裡的貓的時候，都感到莫名的恐懼。我想請求您，能不能把我變成一隻貓呢？」僧人答應了牠的要求，把牠變成了一隻貓。

小老鼠變成貓以後，以為萬事大吉了，可是剛一出門，就碰到了一條狗，一條很兇猛的狗。牠嚇得連滾帶爬的回到了屋子裡。然後對僧人祈求說：「麻煩您能不能把我變成一條狗？」僧人答應了牠的要求。

這下，變成了狗的小老鼠大搖大擺的走出了家門。突然，有一隻老虎經過牠的身邊，牠嚇得拼命的跑回家裡。小老鼠很沮喪的對僧人說：「請您再把我變成老虎吧。」僧人又答應了牠的要求，把牠變成了老虎。可是當變成了老虎的小老鼠一見到在廚房裡的貓，就尖叫了一聲，驚恐萬狀的跑回到僧人的身邊。

小老鼠百思不解，困惑的對僧人說：「慈悲的僧人啊，為什麼我變成了老虎以後，還是害怕貓呢？」

僧人哈哈大笑了起來，然後對牠說：「重要的不在於你有什麼樣的身體和外觀，重要的在於你的心。你的心還是小老鼠的心，怎麼會不害怕貓呢？」

## 有心就有福

擁有什麼樣的心，就擁有什麼樣的想法，而想法又決定了行動。所以，如果內心不強大，就不會有強大的動力。

## 追求心靈的安定

圓新禪師和仰山禪師坐在一起談話。說到了這樣一件事：

有一次，明慧禪師雲遊到志遠禪師那裡，志遠禪師看到明慧禪師，便把禪杖橫過去擋住門。明慧禪師用手敲打了禪杖三下，然後就在禪堂的首座位置坐下。志遠禪師見此情形，很不高興的說道：「凡是行腳雲遊的學僧，在謁見寺院禪主時，都要按照一定的參學規矩，行賓主之禮，你怎麼連這點基本的禮儀都不懂？」

明慧禪師誠懇的答道：「我不知道老禪師您在說什麼？我敲打禪杖三下，不是早就跟您行過禮了嗎？」

志遠禪師聽後，更加不悅，剛要開口，明慧禪師就動手用禪杖打志遠禪師。

志遠禪師若有所悟，但明慧禪師卻又忽然說道：「我今天不方便！」

志遠禪師順手一掌打去，說：「我倒很方便！」

奇怪的是，明慧禪師挨了一掌，反而哈哈大笑道：「的確不錯！我們今天不方便遇到了方便！」

後來，圓新禪師就問仰山禪師道：「這兩位前輩的對話，到底哪一個占了上風？」

仰山禪師回答道：「占上風者上風，居下風者下風！」

此話一出，旁邊的座主不以為然的說道：「占上風者未必上風，居下風者也未必下風，上風何在？下風又何在？」

仰山禪師和圓新禪師不約而同的說道：「正如座主所說，無風不起浪！」

## 有心就有福

上風也好，下風也罷，其實都是內心的作用。如果讓自己的心得到平靜，那就無所謂有風無風，上風下風了。

## 心無外物

三藏法師自詡神通，因此，他來到慧忠禪師的面前，與他驗證。

慧忠和藹的問道：「久聞您能夠了人心跡，不知是否屬實？」

三藏法師答道：「只是些小伎倆而已！」

這時，慧忠心裡想起了一件事，問道：「請看老僧現在心在何處？」

三藏運用神通，查看了一番，答道：「高山仰止，小河流水。」

慧忠微笑著點頭，將心念一轉，又問：「請看老僧現在身在何處？」

三藏又做了一番考察，笑著說：「禪師怎麼去和山中猴子玩耍了？」

「果然了得！」慧忠面露贊許之色。稱讚過後，他就將風行雨散的心念悉數收起，反觀內照，進入禪定的境界，然後才笑吟吟的問：「請看老僧如今在什麼地方？」

結果，三藏神透過處，只見青空無雲、水潭無月、人間無蹤、明鏡無影。

三藏使盡了渾身解數，天上地下的徹照，也不見慧忠的心跡，一時間，茫然不知所措。

這時，慧忠緩緩出定，笑著對三藏說：「閣下有通心之神力，能知曉他人的一切去處，可是卻無法探察我的心跡，你知道這是為什麼嗎？」

三藏滿臉迷惑。

慧忠禪師笑著說：「因為我沒有心跡，既然沒有，如何探察？」

## 有心就有福

只要心跡存在，就可以被人洞察。只有心外無物，超然處之，才能達到真正的豁達境界。心外無物，即是放棄一切世俗的欲望，心無雜念，用心來感受世界，達到真正的平靜。

# 賣茶的和尚

一個和尚因為耐不住佛家的寂寞就下山還俗去了。

不到一個月，因為耐不得塵世的口舌，又上山了。

不到一個月，又因不耐寂寞還俗去了。

如此三番，老僧就對他說，你乾脆不必信佛，脫去袈裟；也不必認真去做俗人，就在廟宇和塵世之間的涼亭那裡設一個去處，賣茶如何？不必拘束於佛門戒律。

這個還俗的人就討了一個小媳婦，開了一家茶店。

細心經營下去，也得了不少的茶資，竟也深得善男信女的推崇。

日子就這麼簡單的過著。

這位還俗的和尚整日裡下看塵世，上聽佛音，半年之後突發念頭，變賣了茶店，於一日奔進廟裡拜倒在老和尚面前，口稱師傅我佛已然度我。

老和尚拉他起身的時候默然發現他已經坐化了，終成正果。

老和尚雙手合掌，念道：佛本無緣，緣由心生。

## 有心就有福

真正的幸福，在於對平淡生活的熱愛，切不可好高騖遠，羨慕別人，只要保持一顆平淡的虔誠的心，無論做什麼事情都是在悟佛。

# 只要過程是美麗的

有個信徒請教大龍禪師：「有形的東西一定會消失，世上有永恆不變的真理嗎？」

大龍禪師回答：「山花開似錦，澗水湛如藍。」

「山花開似錦」是說山上開的花，美的像錦緞似的，轉眼即會凋謝，但仍不停的奔放綻開。

「澗水湛如藍」是說溪流深處的水，映襯著藍天的景色，溪面卻靜止不變。這句話描述的情景猶如一幅美妙的山水畫，隱喻著世界本身就是美的，但稍不經意，就將流逝消失。

生命的意義在於生的過程，無論花開得如何燦爛，註定要凋落，山花卻不因為要凋謝而不蓬勃開放，清清的澗水也不因其流動而不映襯藍天。

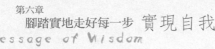

## 有心就有福

我們不用去擔心未來或是死亡，只要走好現在的每一步，把握現在擁有的每一分鐘，生命過程本身就是美麗的，縱然終將面對不完美的結果，我們也必須為了實現美麗的過程而努力。

# 掙脫捆綁自己的繩索

有一天，小和尚來向老和尚傾訴他出家入寺三年來的困惑，一直讓他苦惱不堪的是：至今他還沒能解脫世俗的糾葛。

老和尚聽了莞爾一笑，說道：「其實啊，你的悟性僅僅只差一層窗戶紙了，這樣吧！你回去，蒙上被子睡一覺，可能就好了。」

小和尚很聽話，於是就回到了禪房倒頭就睡，蒙著被子，老老實實的。很快，他就進入了夢境。朦朦朧朧中，他忽然感覺呼吸困難，憋悶難耐，簡直快要窒息了。猛的驚醒過來，他竟然揭不開被子。被子牢牢的裹著他，像是被繩子捆綁著了一般，他感覺自己已經喘不過氣來了。

小和尚使盡全身力氣，猛地蹬腳，這才蹬開了被子。最令他想不到的是老和尚和兩位師兄就站在旁邊。小和尚不可思議的問：「師父，您不是叫我睡覺嗎？怎麼又帶兩位師兄來捆綁我啊，差點把我悶死了！」

老方丈笑了笑道：「你還挺厲害的，一蹬腳就掙脫出來了。」

小和尚仍然喘著氣，委屈地說道：「師父您說的好，如果我不掙脫，就沒命啦！」

老和尚點了點頭，說道：「看來，遭受強大的束縛，只要拼命一掙，就能夠瞬間掙脫了。」

小和尚不置可否的看著老和尚，繼而又驚喜的說道：「謝謝師父幫助我掙脫。」

老和尚笑言道：「其實這都是你自己的功勞啊。」

## 有心就有福

想要走出自己的心靈枷鎖，不能依靠外人的幫助，最終還是要用自己這把鑰匙，開啟自己心靈的這把大鎖。

# 求人不如求己

有一則故事說，從前有一個人，他到寺廟裡去燒香拜佛，看到佛殿裡供奉著一尊觀世音菩薩像，手裡拿著一串念佛珠子。

念佛珠子是作為念佛記數的用途。但是觀音菩薩，他手拿了珠子念什麼呢？他想來想去想不通，就請問一位老和尚說：「老師父，觀世音菩薩手拿念佛珠，到底是念什麼呢？」

老師父回答說：「居士，汝不知道嗎？觀世音菩薩手拿佛珠，就是念觀世音菩薩。」

這人聽後心裡半信半疑。

又問：「老師父，觀世音菩薩為什麼要念自己的名號？」

老師父又說：「居士，求人不如求己。」

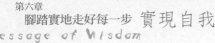

## 有心就有福

所謂「迷時靠師度，悟時要自度。」說的就是求人不如求己，自己修行，才能度脫自己的道理。只有放開心中的束縛和糾纏，才能得到真正的清淨自在。

## 命運是自己創造的

從前，有一位年輕人與朋友一起做棉花生意，第一次外出購物就遭逢百年未遇的特大暴雨，數千斤棉花漚在雨水中黴爛，損失慘重。黯然返鄉不久，父親經營的飯鋪又意外引發大火，成了一片灰燼。他的家境頃刻間一貧如洗，父母則由於過度悲傷先後亡故。多重的災難讓年輕人深感走投無路。一片茫然，一片絕望。

一天，流落在集市上的他突遇一算命先生，便趨前卜上一卦，先生告之：「命數註定，天意也」。茫然之後更加的茫然，絕望之後更加的絕望。終於，他無力承受，投河自盡，想以此來了卻自己滄桑而苦難的一生。

結果被救。路人問：「為何輕生？」，他含著傷心的淚眼述說自己的不幸。路人勸其到廟裡去拜謁惠明禪師。

年輕人就抱著最後的希望，來到寺廟參拜禪師，問：「師傅，命數可以逃避嗎？」

惠明禪師笑了笑，說：「命，是由你自己創造的。你做了善事，命就好了；你做了惡事，命自然不好。」

年輕人說：「我此前並沒有做過什麼惡事呀！」

禪師說：「不管怎樣，從現在開始，你就重修你的命運吧！」

他有些迷惑：「難道命運真的可以重修？」

禪師不答，卻從瓷盤裡取出一粒葡萄拿在手中，然後問道：「你能告訴老衲這一粒葡萄是完整的還是破碎的呢？」

年輕人想了想：「如果我告訴你是完整的，你一用力它就會破碎了。」

禪師大笑了起來，對他說：「其實命運像這粒葡萄，就在你的手中呀！」

年輕人幡然醒悟，重新振作，繼承了父親生前的生意，從小吃店開始，一點一滴做大。不久，他就成了這一帶遠近馳名的大老闆。

## 有心就有福

命運是奇怪的，它有著不可預測的複雜性。在許多時候，成功與挫折會交替出現，但命運不是固定不變的：命從心生，運由心轉。人生事業成敗的關鍵，不在命運，而在於你付出了什麼樣的努力。

# 陶罐和鐵罐的命運

國王的御廚裡有兩只罐子，一只是陶的，另一只是鐵的。驕傲的鐵罐瞧不起陶罐，常常奚落它。

「你敢碰我嗎，陶罐子？」鐵罐傲慢的問。

「不敢，鐵罐兄弟。」謙虛的陶罐回答說。

「我就知道你不敢，懦弱的東西！」鐵罐說著，現出了更加輕蔑的神氣。

「我確實不敢碰你，但不能叫懦弱。」陶罐反駁說，「我們生來的任務就是盛東西，並不是互相碰撞的。在完成我們的本職任務方面我不見得比你差。再說……」

「閉嘴！」鐵罐憤怒的說，「你怎麼敢和我相提並論！你等著吧，要不了幾天，你就會破成碎片，消失了，我卻永遠在這裡，什麼也不怕。」

「何必這樣說呢？」陶罐說，「我們還是和睦相處的好，吵什麼呢！」

「和你在一起我感到羞恥，你算什麼東西！」鐵罐說，「我們走著瞧吧，總有一天，我要把你碰成碎片！」

陶罐不再理會。時間過去了，世界上發生了許多事情，王朝覆滅了，宮殿倒塌了，兩只罐子被遺落在荒涼的場地上。歷史在它們的上面積滿了塵土，一個世紀連著一個世紀。

許多年以後的一天，人們來到這裡，掘開厚厚的堆積，發現了那只陶罐。

「喲，這裡有一只罐子！」一個人驚訝的說。

「真的，一只陶罐！」其他的人說，都高興的叫了起來。

大家把陶罐捧起，把它身上的泥土刷掉，擦洗乾淨，和當年在御廚的時候完全一樣，樸素，美觀，亮光可鑒。

「多美的陶罐啊！」一個人說，「小心點，千萬別把它弄破了，這是古代的東西，很有價值的。」

「謝謝你們！」陶罐興奮的說，「我的兄弟鐵罐就在我的旁邊，請你們把它掘出來吧，它悶得受夠了。」

人們立即動手，翻來覆去，把土都掘遍了。但，一點鐵罐的影子也沒有──它，不知道在什麼年代就已經完全被氧化，早就無影無蹤了。

## 有心就有福

人要有自知之明，就是自己能夠正確認清自己符合天道、地道、人道的長處和不符合天道、地道、人道的短處，進而自覺學習別人的長處彌補自己的短處，使自己的德行不斷趨於完美無缺。

# 徒弟的破綻

有一位老和尚，凡遇徒弟第一天進門，必要安排徒弟做一例行功課掃地。過了些時辰，徒弟來稟報，地掃好了。

師父問：「掃乾淨了嗎？」

徒弟回答：「掃乾淨了。」

師父不放心，再問：「真的掃乾淨了。」

徒弟想想，肯定的回答：「真的掃乾淨了。」

這時，師父會沉下臉，說：「好了，你可以回家了。」

徒弟很奇怪：「怎麼剛進來就要我回家？不收我了？」

「是的，是真不收了。」師父擺擺手，徒弟只好走人，不明白師父怎麼也不去查驗一下就不要自己了？

原來，這位事先在屋子犄角旮旯處悄悄丟下了幾枚銅幣，看徒弟能不能掃地時發現。大凡那些心浮氣躁，或偷奸耍滑的後生，都只會做表面文章，才不會認認真真的去掃那些犄角旮旯處的。因此，也不會撿到銅幣交給師父的。師父正是這樣「看破」了徒弟，或者說，看出了徒弟的「破綻」——如果他藏匿了銅板不交師父，那破綻就更大了。不過，師父說，他還沒遇到過這樣的徒弟。貪婪的人是不會認真的去做別人交付的事情的。

師父看出的「破綻」，是徒弟品德修養上的弊病。

## 有心就有福

我們需要的不是完美，而是完善，不斷更新和充實自己。時時刻刻嚴格要求自己，使自己的道德品質不斷走向完善，才能成為一個容易被別人接受的人。

# 一切隨緣任他去

後唐保福禪師將要辭世圓寂時，向大眾說道：「我近來氣力不繼，大概世緣時限已快到了。」

門徒弟子們聽後，紛紛說道：「師父法體仍很健康」，「弟子們仍需師父指導」，「要求師父常住世間為眾生說法」，種種請求不一，其中有一位弟子問道：「時限若已到時，禪師是去好呢？還是留住好？」

保福禪師表情非常安詳，用非常親切的口吻反問道：「你說是怎麼樣才好呢？」

這個弟子毫不考慮的答道：「生也好，死也好，一切隨緣任它去好了。」

禪師哈哈一笑說道：「我心裡要講的話，不知什麼時候都被你偷聽去了。」

說完，就圓寂了。

## 有心就有福

人的一生有很多事情不是我們所能夠控制的，我們能做的就是調整好自己的心情，坦然接受生死得失。

# 要改變的只是自己的心

小和尚凡一遇到什麼事情都煩惱。讓他煩惱的原因有很多，比如他總覺得自己太瘦了，或者覺得自己現在的生活過得不夠好，同時，他很擔心自己給別人留下不好的印象。他非常擔憂，因為他覺得自己得了胃病，他也無法靜下心來讀經書……

凡一決定到九華山去旅行，希望換個環境能夠對他有所幫助。上路前，師父交給他一封信並告訴他，等到了九華山之後再打開看。

凡一到了九華山後，覺得比在自己的廟裡更難過，因此，他拆開那封信，想看看師父寫的是什麼。

師父在信上寫道：「徒兒，你現在離咱們的寺廟有三百多里，但你並不覺得有什麼不一樣，對不對？我知道你不會覺得有什麼不同，因為你還帶著你的所有麻煩的根源——也就是你自己。

「無論你的身體或是你的精神，都沒有什麼毛病，因為並不是你所遇到的環境使你受到了挫折，而是由於你對各種情況的想像。總之，一個人心裡想什麼，他就會成為什麼樣子。當你瞭解了這點以後，就回來吧，因為那時你就治癒了。」

師父的信使凡一非常生氣，當時，他氣得馬上決定永遠不回自己的廟了。凡一覺得自己需要的是同情，而不是教訓。

那天晚上，凡一經過一座小廟，因為沒有別的地方好去，他就進去和一位老和尚聊了一個時辰。老和尚反覆強調的是：「能征服精神的人，強過能攻城占地。」

凡一坐在蒲團上，聆聽著老和尚的教誨，聽到了和他師父同樣的想法——這一來就把他腦子裡所有的胡思亂想一掃而空了。

凡一覺得自己第一次能夠很清楚而理智的思考，並發現自己真的是一個傻瓜——他曾想改變這個世界和世界上所有的人，而事實上，唯一真正需要改變的，其實只是自己的心態。

第二天清早，凡一就收拾行李回廟去了。

## 有心就有福

能征服精神的人，強過能攻城占地。的確，當你覺得不滿意的時候，試著改變自己的內心狀態，就會感覺到柳暗花明的喜悅。

謝謝您購買 命運安排什麼，我們就享受什麼 這本書！

即日起，詳細填寫本卡各欄，對折免貼郵票寄回，我們每月將抽出一百名回函讀者寄出精美禮物，並享有生日當月購書優惠！

想知道更多更即時的消息，歡迎加入"永續圖書粉絲團"

您也可以利用以下傳真或是掃描圖檔寄回本公司信箱，謝謝。

傳真電話：（02）8647-3660　　信箱：yungjiuh@ms45.hinet.net

---

☺ 姓名：　　☐男 ☐女　　☐單身 ☐已婚

☺ 生日：　　☐非會員　　☐已是會員

☺ E-Mail：　　電話：（ ）

☺ 地址：

☺ 學歷：☐高中及以下 ☐專科或大學 ☐研究所以上 ☐其他

☺ 職業：☐學生 ☐資訊 ☐製造 ☐行銷 ☐服務 ☐金融
☐傳播 ☐公教 ☐軍警 ☐自由 ☐家管 ☐其他

☺ 您購買此書的原因：☐書名 ☐作者 ☐內容 ☐封面 ☐其他

☺ 您購買此書地點：　　金額：

☺ 建議改進：☐內容 ☐封面 ☐版面設計 ☐其他

您的建議：

廣告回信
基隆郵局登記證
基隆廣字第57號

新北市汐止區大同路三段一九四號九樓之一

# 大拓文化事業有限公司收

請沿此虛線對折免貼郵票，以膠帶黏貼後寄回，謝謝！

想知道大拓文化的文字有何種魔力嗎？

- 請至鄰近各大書店洽詢選購。
- 永續圖書網，24小時訂購服務
  www. foreverbooks. com. tw
  免費加入會員，享有優惠折扣
- 郵政劃撥訂購：
  服務專線：(02)8647-3663
  郵政劃撥帳號：18669219